T0414183

EL PODER DEL CIERRE

Dr. Gary McClain

EL PODER DEL CIERRE

La fuerza transformadora de cerrar ciclos

OCÉANO

No es intención del editor ni del autor dar consejos o servicios profesionales a los lectores. Las ideas, procedimientos y sugerencias contenidos en este libro no pretenden sustituir una consulta con su médico. Cualquier asunto relacionado con su salud requiere de supervisión médica. Ni el autor ni el editor se hacen responsables de cualquier pérdida o daño que pueda resultar de cualquier información o sugerencia contenida en este libro.

Todos los nombres y señas particulares han sido modificados para proteger la privacidad de los individuos involucrados.

EL PODER DEL CIERRE
La fuerza transformadora de cerrar ciclos

Título original: THE POWER OF CLOSURE. Why We Want It,
          How to Get It, and When to Walk Away

© 2024, Gary McClain

Traducción: Luis Carlos Fuentes

Diseño de portada: Departamento de arte de Océano
Fotografía del autor: Sergio Bustamante

D. R. © 2025, Editorial Océano de México, S.A. de C.V.
Guillermo Barroso 17-5, Col. Industrial Las Armas
Tlalnepantla de Baz, 54080, Estado de México
info@oceano.com.mx

Primera edición: 2025

ISBN: 978-607-584-018-5

Todos los derechos reservados. Quedan rigurosamente prohibidas,
sin la autorización escrita del editor, bajo las sanciones establecidas
en las leyes, la reproducción parcial o total de esta obra por cualquier
medio o procedimiento, comprendidos la reprografía y el tratamiento
informático, y la distribución de ejemplares de ella mediante
alquiler o préstamo público. ¿Necesitas reproducir una parte
de esta obra? Solicita el permiso en info@cempro.org.mx

Impreso en México / Printed in Mexico

A cualquiera que haya intentado encontrar un cierre con otro ser humano: aquellos que lo lograron, aquellos que no, y aquellos que aceptaron cuando llegó el momento de alejarse.
Mi deseo es proporcionarte, en las páginas de este libro, orientación, aliento y algo de consuelo para el camino que te espera.

Índice

PARTE IV: CUANDO NO OBTIENES EL CIERRE QUE QUERÍAS

Introducción

"Si tan sólo pudiera tener un cierre...".

¿Has oído a alguien decir estas palabras últimamente? ¿O tal vez incluso las has dicho tú? Sospecho que sí. Tal vez sea la razón por la que escogiste este libro.

Bueno, yo también. En mis más de veinte años como profesional de la salud mental, ésta es una de las frases que más he escuchado. Ya sea que mis clientes estén en terapia para lidiar con el duelo, la pérdida de un empleo, el fin de una relación, una familia disfuncional, un diagnóstico médico devastador o cualquier otro problema, a menudo hacen la misma pregunta: ¿cómo encuentro un cierre?

Cuando piensas en cerrar, ¿qué se te viene a la mente? Quizá se trata del término de una relación romántica. Luego de un rompimiento, lo más natural es querer tener unas cuantas palabras finales para expresar cómo te sientes, para tratar de entender lo que sucedió, para concluir las cosas "de una vez por todas" (o para ver si a la relación aún le queda una posibilidad). O quizá se trata de la muerte de un ser amado. Cuando alguien muere, sin importar qué tan sana o enfermiza era tu relación con esa persona, casi con toda certeza habrá cosas que se quedaron sin ser dichas y ya no podrán expresarse jamás, o algunos otros cabos sueltos que jamás podrán ser atados. Por supuesto que desearíamos poder encontrar un cierre, incluso si —*especialmente* si— es imposible.

He aquí la verdad fundamental sobre el cierre, según la he experimentado en mi propia vida y en la de mis clientes: a veces encontramos el cierre que queremos, y a veces tenemos que alejarnos.

¡Alejarte del cierre que creías necesitar y que te das cuenta de que no te será posible tener puede ser un acto de empoderamiento! Ése es el poder del cierre: tiene un impacto sobre ti cuando lo encuentras *y* cuando no.

Por eso escribí este libro. Después de tantos años de conversaciones acumuladas sobre este tema, me di cuenta de que es algo por lo que casi todos se obsesionan en algún momento, y que, sin embargo, poca gente entiende de verdad. En estas páginas explicaré lo que es realmente un cierre, por qué lo queremos, cómo lo conseguimos y qué hacer cuando no podemos tenerlo. (Alerta de *spoiler*: lo más común es que no lo consigamos.)

Sospecho que no escogiste mi libro porque buscabas una lectura sencilla para el verano. Quizá lo elegiste porque estás luchando por alcanzar un cierre en alguna parte de tu vida. Si es así, siento mucha compasión por ti, y también me siento profundamente honrado de que escogieras mi libro. Mi deseo, mi meta es que, después de leer los siguientes capítulos, termines con algo que tenga un valor personal: un pensamiento, un ejemplo, alguna idea que puedas aplicar a tu propia vida y, como resultado, busques con confianza el cierre que necesitas —o, por el otro lado, reconozcas que es tiempo de alejarse. La vida no siempre nos da lo que queremos, pero si estamos dispuestos a aprender la lección, con frecuencia nos da lo que necesitamos.

Mis conversaciones sobre cierres han sido al mismo tiempo reconfortantes y desgarradoras, acompañadas de emociones como tristeza, frustración, enojo y miedo, pero también alivio, felicidad, alegría pura y esperanza. Deseo que en las páginas que siguen encuentres una combinación de consejos prácticos y apoyo que te ayude a transitar por el cierre —o la falta de— en tu propia vida. Saber que podrías beneficiarte de leer mis palabras es la realización de uno de mis grandes sueños. Tal vez algún día me lo harás saber. Tal vez eso me dará a mí mismo un cierre.

PARTE I
Definir el cierre

CAPÍTULO 1

Qué es un cierre

Cuando trabajas en el campo de la salud mental, como yo, tienes las mismas conversaciones una y otra vez. Cada uno de mis clientes de terapia es un individuo con sus propias experiencias de vida, perspectivas y metas, pero ciertos temas se repiten con frecuencia. Uno de esos temas es el cierre. Y si bien cada uno de mis clientes es único, a veces las mismas palabras salen de su boca.

"Si tan sólo pudiera tener un cierre...".

"Él de verdad me debe un cierre en esto".

"¿Por qué ella está evitando darme un cierre?".

Y con demasiada frecuencia: "¡Exijo un cierre!".

Pero ¿qué *es* un cierre, y por qué siempre parecemos desearlo con tanta desesperación? A pesar de lo mucho que hablamos del tema, puede ser sorprendentemente difícil de definir.

En un sentido literal, la palabra *cierre* indica que algo llega a su término, como el final de una relación romántica, el final de una relación profesional o, el más doloroso de todos, el final de una vida. Pero el cierre es más complejo que eso. De hecho, a veces el cierre no tiene nada que ver con terminar, sino más bien con encontrar algún tipo de resolución a un problema que surge todo el tiempo.

¿Cómo saber si estás sufriendo por una falta de cierre? Éstas son algunas señales. Podrías encontrarte...

- Buscando a alguien para solicitarle una conversación sobre lo que sucedió entre ustedes dos.
- Ensayando lo que quieres decirle a alguien para hacerle entender cómo te sientes. (Y experimentando muchos sentimientos incómodos mientras ensayas cómo crees que responderá, o cómo *quieres* que responda.)
- Imaginando cómo será tu relación con alguien después de que hayan tenido la "gran plática".
- Fantaseando sobre cómo alguien se sentirá después de que tú "regreses" a esa persona después de lo que te hizo.

O podrías encontrarte queriendo...

- Regresar a donde tú crees que la relación necesita estar, con cada uno de ustedes dando y recibiendo de forma equitativa.
- Recibir finalmente lo que mereces y que la otra persona, consciente o inconscientemente, te ha estado negando.
- Que se te aligere una culpa que cargas cuando la otra persona finalmente te perdone por algo que le hiciste —o, a la inversa, podrías querer que esa persona te pida perdón (el cual podrás otorgar o no).
- Recibir reconocimiento y respeto por lo que contribuyes.

Si te identificaste con cualquiera de las afirmaciones anteriores, podrías estar sintiendo la necesidad de un cierre.

Ejemplos de querer un cierre

A veces la mejor manera de definir algo es con ejemplos, así que aquí te presento varios casos de clientes de mi consultorio que hablaron conmigo sobre sus propias razones para querer un cierre.

Allie y su novio terminaron luego de haber estado juntos por más de dos años. Las cosas se habían estado poniendo complicadas durante los últimos dos meses —ella aún no sabe por qué. El rompimiento en sí ocurrió de repente, durante una discusión que los llevó a ambos a decidir alejarse de esa relación. Allie y su ahora ex se han texteado algunas veces desde esa noche, sólo para saber cómo se encuentra el otro. Ella le ha pedido reunirse para conversar sobre lo que sucedió, pero él se niega. "Debo tener algún tipo de cierre", dice Allie. "¿Por qué no quiere concederme eso?". Ella siente dolor emocional y el deseo de perdón, además de un poco de verdadero enojo...

Tommy fue despedido recientemente del empleo en el que llevaba cinco años. Él y su jefe no siempre estaban de acuerdo, y su jefe le llamó la atención más de una vez cuando no estaba satisfecho con el desempeño de Tommy. Pero, en general, Tommy pensaba que se llevaban bien. Entonces, Tommy fue requerido en Recursos Humanos y le dieron la noticia de su despido. Su jefe no estaba en la oficina ese día, así que Tommy recogió sus cosas y se marchó. En repetidas ocasiones le ha escrito correos electrónicos a su jefe pidiéndole hablar sobre lo sucedido, y su jefe no ha contestado. "Al menos me debe algunas respuestas sobre lo que pasó con mi empleo", dice Tommy. "¿No puedo tener un cierre?". Tommy siente frustración, miedo al futuro y la sensación de que ha sufrido una gran injusticia...

Amanda vive con una enfermedad crónica y se ha estado atendiendo con la misma doctora por años. Cuando Amanda dice que ama a su doctora, es porque de verdad es así. Han pasado juntas por momentos muy difíciles. Amanda aprecia sobre todo el haber podido abrirse con ella y decirle lo que piensa. La semana pasada, Amanda recibió una carta informándole que su doctora había dejado la clínica y proporcionándole el nombre del médico a quien le había sido transferido su caso. Amanda está devastada. "Me avergüenza admitirlo —me dice—, pero pensaba que se despediría y que me diría cómo seguir en contacto. No habría hecho menos triste su partida, pero al menos yo habría tenido un cierre". Amanda siente tristeza y decepción, además de los problemas potenciales de adaptarse a un nuevo doctor...

Tengo muchas otras historias que contar sobre cierres, algunas de la vida de mis clientes y algunas de mi propia vida. Algunas de estas historias terminan bien, algunas no, pero todas ilustran nuestra necesidad fundamental de cerrar.

Los grandes acontecimientos de la vida —rompimientos, despidos, muerte— son más propensos a presionar ese botón psicológico que busca el cierre. Pero también quiero hacer notar que nuestra necesidad innata de cerrar es tan fuerte que se presenta en cada parte de nuestra vida, incluso en situaciones relativamente insignificantes.

He aquí algunos ejemplos.

Estás apurado y entras a una farmacia a surtir una receta. Esperas tu turno, pagas tu compra y sales a toda prisa. De pronto, te das cuenta de que no te tomaste el tiempo para responder al empleado de la farmacia, que te sonrió y te dio las gracias. Te preocupa haber sido tan descortés. Piensas que, la próxima vez que vayas a esa farmacia, ojalá te atienda el mismo dependiente para que puedas ser superamable. Hasta consideras regresar y disculparte por estar tan apresurado. Lo que buscas es un cierre.

O digamos que estás en una reunión con un grupo de colegas, discutiendo un proyecto. Cuando describes un problema que estás tratando de solucionar, un colaborador te interrumpe a media frase y propone una solución idéntica a la que precisamente estabas esbozando. No dices nada porque en el plano general no es tan importante, pero te quedas con el sentimiento de que fuiste agraviado. ¿Tendrías que haber confrontado a esa persona durante la reunión? ¿Haber hablado con ella después? ¿Haberlo comentado con tu jefe?

Lo que sí sabes es que no puedes simplemente olvidarlo sin concluir de algún modo el asunto. Todas esas preguntas significan que quieres un cierre.

Hacia una definición de *cierre*

Como dije, es difícil establecer una definición precisa de *cierre*, pero haré mi mejor esfuerzo. Como yo lo veo, el cierre es un estado emocional definido por una sensación de finalización y claridad. Significa que sientes poca o ninguna ambigüedad pendiente sobre una situación. Tus preguntas han sido bien respondidas, incluso si no te gustaron las respuestas. Cuando *no* tienes un cierre en una situación, piensas a menudo en ello, incluso obsesivamente, intentado descubrir por qué las cosas sucedieron de ese modo o imaginando qué podría haber pasado si hubieras actuado de otra manera. Cuando *sí* tienes un cierre, puedes estar feliz o no con cómo resultó la situación, pero la entiendes relativamente bien y ya no te sientes obligado a invertir una gran cantidad de tiempo y energía mental en ello; puedes seguir con tu vida y concentrarte en otras cosas.

Las formas de cerrar más satisfactorias y deseadas con frecuencia involucran una comunicación honesta entre las personas y una resolución pacífica del conflicto, lo que produce un desenlace con el que todos están satisfechos en lo general. Pero ésa no es la única forma de cierre que existe. El cierre puede ser triste o doloroso. Puede dejarte lamentando —pero, con suerte, comprendiendo— las acciones de la otra persona (o las tuyas). Tal vez no siempre te gusten las respuestas a tus preguntas, pero si éstas han sido respondidas satisfactoriamente y te sientes capaz de dejar atrás el pasado, felicitaciones, eso es un cierre.

Digamos que alguien con quien has estado saliendo durante los últimos dos años acaba de romper contigo. Y digamos que tu sorpresa fue total, pues no te esperabas aquello. Te parecía que las cosas iban bien, cuando de repente: ¡*bum!* Tal vez querrías algún tipo de cierre, ¿cierto?

Ésta es una forma como podría suceder: tú y tu ex se reúnen. Hablan sobre lo que cada uno de ustedes aportó a la relación, tanto de lo que contribuyó como de lo que perjudicó a su éxito como pareja. Ambos sienten que aprenden mucho de sí mismos con esa conversación —lo que hacen bien en las relaciones y lo que necesitan mejorar, así como lo que deberían buscar en una pareja futura. Al terminar de charlar, se dan un abrazo y se van, tal vez con lágrimas en los ojos, tal vez sonriendo, tal vez lamentando que las cosas no hayan resultado mejor en la relación, pero ahora con claridad sobre por qué no fue así.

Pienso que éste es un buen ejemplo del cierre que a todos nos gustaría experimentar cuando terminamos una relación. Hollywood no lo podría haber escrito mejor. Cuando tengo un cliente en esa situación y estamos discutiendo el cierre, este tipo de escenario es lo que más desearía. Y aunque quizá no sea supercomún, sí llega a ocurrir —o al menos alguna versión parecida.

Pero éste es un escenario alternativo: tu ex llega al lugar de la reunión visiblemente agitado. Antes de que puedas hablar, se lanza a un ataque verbal, te culpa de todo lo malo que pasó en su relación y te dice la terrible persona que piensa que eres. Tú no puedes decir ni pío. Finalmente, te levantas de la mesa y te retiras, dejando a tu ex sentado solo con su coraje.

Tal vez sientas tristeza, ira y frustración por no haber tenido la oportunidad de contar tu versión de la historia, pero quizás esta desagradable experiencia te haya resuelto algunas cuestiones. Si te preguntabas si la relación aún tenía una posibilidad, ahora puedes tener la certeza de que no. O quizá te das cuenta de que tu ex no era una persona gentil o razonable, y de que estás mejor sin ella. Éstos pueden no ser los finales hollywoodenses que todos deseamos, pero si te llevan a alcanzar una mejor comprensión y te permiten seguir adelante con tu vida, pueden ser su propia forma de cierre.

El cierre se da de muchas formas distintas, y una de las claves para alcanzarlo, como explicaré en capítulos posteriores, es abrir tu mente a la posibilidad de que no tener un cierre de la manera en que esperas no significa necesariamente que no lo tengas. El cierre que queremos, necesitamos o pensamos que merecemos no siempre ocurre de la forma que esperábamos, pero incluso los cierres menos ideales pueden resolver nuestras ambigüedades y hacernos sentir liberados.

La necesidad humana de cerrar

¿Por qué es importante tener un cierre? Para mis clientes, la respuesta a esta pregunta a menudo es: ¡por todo! O al menos por su salud mental, su felicidad y su autoestima, por mencionar sólo algunas de las cosas que ellos consideran que están en riesgo. Nuestro deseo de cierre proviene de la necesidad de expresar nuestros sentimientos, de entender verdaderamente por qué ocurrió un evento, de encontrar una manera de continuar. También podemos buscar un cierre por otras razones: para perdonar o ser perdonado, para aclarar las cosas luego de un malentendido, para sanar nuestros propios sentimientos.

¿Por qué es tan fuerte nuestra necesidad de tener un cierre? Los seres humanos estamos programados para evitar la incertidumbre. La combatimos. La negamos. Le huimos. Y como resultado, sufrimos. Experimentamos una incomodidad natural con los cabos sueltos, las palabras no dichas, los sentimientos no expresados, las obligaciones que tememos no haber cumplido. Los humanos queremos *saber*. No nos gusta quedarnos en suspenso, sin saber por qué ocurrió un suceso, sin saber por qué otra persona escogió comportarse como lo hizo. Y dependiendo de nuestro propio nivel de actitud defensiva, también queremos saber lo que nosotros mismos posiblemente hicimos para contribuir a la situación.

Ese deseo tan humano de saber puede llevarnos a encontrar el entendimiento que buscamos. Pero también puede llevarnos a la obsesión, ocasionando que nos coloquemos en situaciones debilitantes que no nos conducen a ninguna parte. Y a falta de información real, nuestra mente está ansiosa por intervenir y crear historias que nos acarrean más dolor y sufrimiento.

Cuando imaginamos que tenemos un cierre, parece muy simple. Dos adultos se sientan a arreglar las cosas. Describen sus perspectivas individuales. Escuchan y comprenden. Llegan a un acuerdo de algún tipo sobre cómo seguir adelante, juntos o separados. Pero como sabemos, los humanos somos bastante complicados. Ordenar las emociones y los egos no es tarea fácil, como cualquier terapeuta te lo podrá decir. Requiere que seas capaz de expresar cómo te sientes, de poner en palabras tus pensamientos y tus sentimientos. Requiere que seas capaz de escuchar sin que estés a la defensiva. Requiere de hacer concesiones mutuas. En mi experiencia, cuando buscas el cierre con otra persona, lo que le estás pidiendo es que se abra, que sea vulnerable, que esté dispuesta a asumir responsabilidades y a tener una conversación honesta contigo. Tal vez sea pedir demasiado cuando tú y la otra persona están atrapados en su propia humanidad, con todas sus virtudes, sus defectos y sus contradicciones.

Reflexión final: mi propia historia de cierre

Mi madre solía decir: "Si me dieran un centavo cada vez que alguien dice...". Así me siento con frecuencia respecto de la palabra *cierre*. Como terapeuta, estoy seguro de que no soy el único en ese aspecto. Pero tengo que decir que el cierre ha sido un tema recurrente en mi propia vida, y a menudo me pregunto si yo atraigo a los clientes que también están tratando de aprender a lidiar con eso. Cuando empecé a escribir este libro, estaba apesadumbrado por mi más reciente lucha con un cierre. Ésta es mi historia (una de ellas, cuando menos).

Mi gran amigo David posee una propiedad en el país donde creció, y gracias a la recomendación de otro amigo, contrató a un joven agradable y motivado llamado Víctor para ayudar con los trabajos de mantenimiento. Tanto David como yo pensamos que Víctor tenía mucho potencial. David decidió volverse su mentor y comenzó a darle apoyo financiero con regularidad para cubrir sus gastos básicos, su colegiatura y otras necesidades de él y su familia. Yo también me hice amigo de Víctor, y ocasionalmente lo ayudaba con algo de dinero, además de darle una computadora nueva.

Pero un par de años después, David hizo unos descubrimientos bastante decepcionantes. Se enteró de que Víctor no había estado usando el dinero de la manera que decía, y de que había estado inventando historias para asegurarse de que el apoyo financiero continuara. David le había dado a Víctor una cantidad significativa y ahora se sentía lastimado, tanto emocional como financieramente. Para mí, era doloroso ver lo profundamente traicionado que se sentía.

Luego de que todo explotó y David terminó su relación con Víctor, fui de visita nuevamente a ese país. Víctor, con quien yo no había hablado desde que todo esto sucedió, me pidió que nos reuniéramos para cenar. Decidí ir porque, sí, yo quería algún tipo de cierre. Desafortunadamente, no lo obtuve. Durante la cena, Víctor me contó cosas que estaban pasando en su vida que yo sabía que no eran verdad. Me sentí un poco traicionado, pero más que eso, me preocupé por él, por las decisiones que estaba tomando y por el rumbo que estaba tomando su vida.

Víctor siguió escribiéndome después de que regresé a Estados Unidos, y yo dudaba en responderle porque sentía que tenía que estar del lado de David. Pero David me dejó la decisión a mí, así que al cabo de unos días le respondí brevemente con unas pocas palabras: *Espero que estés bien.* Poco tiempo después de esto, Víctor me bloqueó.

Luego de perder contacto con Víctor, mi deseo de un cierre fue creciendo gradualmente, y en mi cabeza recreaba imágenes muy específicas de cómo pensaba que tendría que haber sido. Quería que Víctor reconociera sus mentiras y se disculpara conmigo. Quería aceptar sus disculpas. Me decía que ésta sería una gran oportunidad de crecimiento para él, pero sí, yo sabía que mi ego también estaba involucrado. (Nuestro ego siempre está involucrado.) Quería estar en contacto con él, y ayudarlo si lo necesitaba, siempre y cuando pudiera hacerlo de una forma que no dejara a mi amigo David sintiéndose más traicionado todavía.

Pasaron dos años. Durante ese tiempo, no tuve idea de lo que Víctor estaba haciendo de su vida, cómo la estaba pasando, si se encontraba bien o no.

Un día, David me llamó al trabajo. Cuando habló, pude percibir que estaba llorando. Me dijo que Víctor había muerto de cáncer, del cual no teníamos la menor idea que padecía. Recordé las frecuentes enfermedades que siempre parecía tener, la ayuda que periódicamente requería para pagar cuentas de hospitales. Pensé en la última vez que lo vi, en lo demacrado que se veía cuando lo abracé para despedirnos. Las respuestas a preguntas previas sin contestar cayeron en su lugar. Me di cuenta de que tal vez había estado enfermo durante todo el tiempo que lo conocimos, pero que nunca nos había hablado de su padecimiento. ¿Qué demonios habría estado cargando aquel joven, incluyendo quizás el fantasma de su propia muerte? ¿Por qué no nos dijo nada? ¿Por qué, por qué, por qué? Las cosas podían haber sido tan distintas. Hubiéramos podido ayudarlos, a él y a su familia, de la forma en que más lo necesitaran. Yo exigía respuestas. Mi mente racional me decía que no iba a ser posible obtenerlas, pero aun así las exigía.

Durante algunos días me encontré llorando en mi oficina entre cliente y cliente. A todos les decía que mis ojos rojos eran producto de una alergia. Y cuando estaba solo con mis lágrimas, volvía a pensar en un cierre. Fantaseaba con que David y yo volábamos a su país, les llevábamos comida a Víctor y su familia, y nos asegurábamos de que recibiera el cuidado adecuado. Me imaginaba sentado junto a la cama de Víctor diciéndole que lo apreciábamos y lo perdonábamos y lo amábamos, pidiéndole perdón por no haber hecho un mayor esfuerzo por seguir en contacto. Sobre todo, deseaba abrazarlo.

Quería un cierre. Quería una segunda oportunidad de conseguir este cierre. Un cierre verdaderamente fantástico que nos dejara a todos la sensación que nos deja una película con final feliz.

Pero una vez más, el cierre se me escapó.

Me sentía triste por mí y por mi amigo David y por el joven Víctor. Me sentía triste por todas las otras ocasiones en mi vida en que había necesitado un cierre y no lo había obtenido. Me sentía triste por mis clientes que están luchando por vivir su vida sin el cierre que necesitan para seguir adelante. Recordé las muchas, muchas veces en que mis clientes se sentaron en mi sofá y me hablaron de su propia falta de cierre. Rompimientos. Divorcios. Despidos. Reubicaciones. Diagnósticos médicos. Muertes. ¡Clientes que se cubrían el rostro para llorar mientras decían que querían saber! ¡Que necesitaban saber! ¡Que merecían saber! Y, sin embargo... no sabían nada.

Es simplemente humano querer un cierre. Buscarlo puede llevar a una resolución y al crecimiento, o puede llevar a la frustración y a más dolor. Pero incluso el dolor de no encontrar un cierre puede, al final, acarrearnos un crecimiento personal. Buscar un cierre ha sido un proceso doloroso, pero también enriquecedor, en mi vida y en la vida de mis clientes. ¿En la tuya también? Te invito a acompañarme en esta aventura de los cierres.

CAPÍTULO 2

Qué no es un cierre

Una manera de entender mejor lo que *es* un cierre es analizar lo que *no* es. Si el cierre es un estado de finalidad, claridad y paz, entonces lo opuesto al cierre podría definirse como algo parecido a la perturbación, la distracción o la rumiación obsesiva y enfermiza. Pero es más complicado que eso porque, cuando buscamos un cierre, por lo general tenemos una resolución en mente. Y sin importar que la resolución obtenida sea positiva o negativa, suele ser muy distinta de lo que esperábamos.

Así que, en este capítulo, enfoquémonos en tres cosas que con frecuencia son erróneamente confundidas con cierres pero que, en realidad, no lo son. El cierre no es venganza. El cierre no es control. Y, aunque están relacionados, el cierre no es aceptación.

El cierre no es venganza

¿Cuándo fue la última vez que la idea de vengarte cruzó por tu mente? ¿El mes pasado? ¿La semana pasada? ¿Hace una hora? Si respondiste que sí a cualquiera de estas preguntas, déjame asegurarte que eres una persona normal. De hecho, si hubieras contestado que jamás has sentido la necesidad de vengarte, me habría sentido bastante sorprendido. Cuando sentimos que se nos ha tratado injustamente o que intencionalmente hemos sido lastimados de algún modo, queremos "desquitarnos" con la persona responsable (o aquella que percibimos como responsable) de alguna forma que también le duela.

Ésa es la naturaleza humana. Pero no es un cierre.

Una pregunta que debes hacerte si estás contemplando alcanzar un cierre: ¿quiero tener un cierre saludable con esta persona, o sólo quiero lastimarla de la misma forma en que ella me lastimó a mí? La venganza a menudo es un motivador para cerrar en un cierto nivel. Quizá no sea la venganza despiadada y sin cuartel que deja a la otra persona sollozando y convertida en un amasijo de emociones. Pero la necesidad de sólo una o dos gotitas de venganza —hacer que alguien se sienta triste o culpable, por ejemplo— puede tener cabida en tus planes de cierre.

Ahí están James y Anna. Ellos tenían lo que pensaban que era una relación increíble. Ambos estaban en sus primeros treinta, estaban bien afianzados en sus respectivas carreras, eran atractivos y tenían muchos amigos. Describirlos como una pareja perfecta no parecía una exageración. Hasta que lo fue.

Luego de vivir juntos por algunos años, la compañía donde trabajaba Anna, una empresa emergente, finalmente alcanzó su punto crítico y se volvió exitosa. Anna jugaba un papel de liderazgo en la compañía, así que las exigencias que pesaban sobre ella se incrementaron exponencialmente, al igual que sus horas de trabajo. Ésta era la oportunidad de Anna para tener un gran impacto en su área, y la aprovechó. Salía del apartamento temprano por la mañana y regresaba tarde por la noche. Más o menos una vez por semana acababa durmiendo algunas horas en el sofá de su oficina y continuaba trabajando durante todo el día siguiente hasta la noche.

Las largas horas de Anna en el trabajo incluían interminables juntas con el director general de la compañía, Jonathan. James había convivido con él algunas veces en los eventos de la compañía, y aunque Jonathan parecía un tipo afable, cuando el tiempo que Anna pasaba fuera de casa se incrementó, James decidió que no confiaba en él. Observó a Jonathan y Anna juntos en una fiesta, y no le gustó la manera en que Jonathan ponía su mano sobre el hombro de Anna mientras conversaban.

Una noche, mientras James estaba solo en casa viendo la televisión, rumiando sobre las largas horas de trabajo de Anna y cómo él se sentía abandonado, decidió esperar despierto a Anna. Cuando ella llegó, alrededor de la medianoche, James estaba listo. Le dijo que no confiaba en Jonathan y que no le gustaba que trabajara tantas horas extra. Le puso un ultimátum: o renunciaba a ese trabajo o renunciaba a la relación.

Anna estaba impactada de que James la acusara de infidelidad. Se sintió herida y enojada por el hecho de que él intentara controlar su vida y robarle esa gran oportunidad en su carrera. Le dijo cómo se sentía. También le dijo que no veía de qué manera podían seguir como pareja si él desconfiaba tanto de ella. Airadamente, James estuvo de acuerdo en que, si ella no podía ponerse en su lugar y entenderlo, entonces tendría que marcharse. Anna empacó una maleta y esa noche se fue a dormir a un hotel. Pocos días después, fue al apartamento mientras James estaba en el trabajo y sacó el resto de sus pertenencias.

James quedó emocionalmente destrozado luego de lo que, finalmente fue capaz de admitir, era el final de su relación. Había juzgado equivocadamente cómo iba a reaccionar Anna. Había pensado que ella se disculparía por abandonarlo. Había dado por sentado que ella querría sentarse a resolver las cosas. Y sí, había predicho que ella valoraría más su relación que su trabajo y que incluso podría renunciar al día siguiente. Pero no había sido así como se dieron las cosas.

Después de que ella se mudó, él y Anna sólo tuvieron conversaciones breves, principalmente para arreglar asuntos pendientes sobre deudas monetarias y direcciones de reenvío. Él le escribió mensajes de texto en algunas ocasiones y sólo recibió respuestas cortas: *Sí, estoy bien. Espero que tú también.* Sentía que merecía algún tipo de cierre luego de todo el tiempo que habían pasado juntos, el hogar que habían construido, los planes que habían hecho. Entonces, le pidió que se reunieran. Le dijo que pensaba que era importante hablar sobre lo sucedido. Quería que ella supiera cómo se sentía ahora que estaba menos abrumado por las emociones. Les haría muy bien a los dos tener un cierre, le dijo.

James reflexionó mucho sobre esta conversación. De hecho, comenzó a ensayarla. Le hablaría desde el corazón, se dijo. Él y Anna realmente nunca habían hablado las cosas. Eso era lo que sus amigos y familiares le recomendaron: hablen las cosas. Lleguen a un acuerdo. Abrácense y deséense mucho éxito.

Pero en la mente de James, "hablar las cosas" significaba darle a Anna una lección. Decidió decirle a Anna lo negligente que había sido con su relación, y que jamás creería que ella y Jonathan no estaban teniendo un amorío. También le informaría que el sexo nunca había sido especialmente bueno y que él nunca se había sentido tan feliz como necesitaba sentirse en su relación. ¿Acaso no merecía hacerle saber aquello?, se preguntaba. Por supuesto que sí. ¿Y no sería beneficioso para ella saberlo? Seguro que sí. ¿Y Anna no debería sentir un poco del dolor que él había sentido? Desde luego que sí. Tal vez eso le daría finalmente el cierre que James necesitaba.

La venganza es dulce... hasta que no lo es. He estado en este negocio por mucho tiempo, y puedo decir con certeza que nunca he escuchado a alguien que se haya vengado de otra persona decir que se siente satisfecho. En el momento puede funcionar magistralmente: la otra persona está lastimada, humillada, devastada. Pero después, ¿te sientes tranquilo y en paz? Lo más probable es que te sientas avergonzado, incómodo y vacío. La venganza es una victoria temporal que con demasiada frecuencia termina sintiéndose como una derrota. Cuando la venganza se disfraza de cierre, sólo conduce a la necesidad de más cierre, a tener que reparar el daño provocado a ti mismo y a la otra persona, y a la necesidad de pedir perdón.

Eso es lo que le pasó a James. Cuando le soltó su discurso, la satisfacción que recibió fue sólo temporal. Duró únicamente hasta que Anna comenzó a llorar. El ver cómo lastimaba a alguien que había significado tanto para él dejó a James con un mayor anhelo de cierre. Ahora quería disculparse, decirle a Anna que en realidad no se sentía así respecto a ella. En lo absoluto. Quería decirle que tan sólo estaba enojado y quería desquitarse con ella por cómo lo había decepcionado.

Pero después de aquello, Anna cortó toda comunicación con él. La necesidad que tenía James de un cierre siguió tan intensa como había sido hasta antes de esa conversación, y él tendrá que vivir con eso por un largo, largo tiempo.

Si no estás seguro de si lo que buscas es un cierre o venganza, toma algo de distancia, identifica tus emociones y piensa en tus razones para querer un cierre, así como en las posibles consecuencias. Las motivaciones humanas rara vez son cien por ciento puras, pero ¿estás tratando de atar cabos sueltos y crear un entendimiento mutuo, o estás deseando causar dolor? Lo primero es un cierre. Lo segundo no. Los cierres motivados por la venganza son un viaje a ninguna parte.

El cierre no es control

No podría decirte con cuánta frecuencia la gente me pregunta cómo pueden hacer que alguien haga algo. "¿Cómo hago que él me dé crédito por ser una persona lista y competente?". "¿Cómo hago que ella reconozca todas las cosas que he hecho por ella?". "¿Cómo hago que esta persona entienda lo mucho que me importa?". "¿Cómo puedo hacer que aquella persona me explique por qué se comportó de ese modo?". Y se lanzan a contar una historia sobre intentar cambiar los pensamientos, los sentimientos o el comportamiento de alguien.

Por mucho que nos pueda gustar negarlo, la pura verdad es que no podemos controlar cómo piensa, siente o se comporta la demás gente. Simplemente, no podemos. Aceptar ese hecho puede ahorrarnos mucho sufrimiento, sobre todo cuando se trata de cierres.

Cuando hablo de cerrar con mis clientes, la mayoría de las veces éstos tienen una idea bastante clara de cómo quieren que sea. Algunas visiones son más realistas que otras. Pueden basarse en lo que el cliente piensa que la otra persona es capaz de hacer, en lo que cree que sería mejor para él y para la otra persona, o en lo que siente que merece. (Especialmente, en lo que siente que merece.) Pero lo principal es que tienen una imagen específica del cierre que quieren lograr.

A menudo les pido a estos clientes que imaginen las distintas resoluciones que podrían experimentar. Les digo: "Según lo que conoces de la persona con quien estás buscando el cierre, ¿cuáles son las formas posibles en que podría responder a tu petición?". Esta pregunta suele encontrarse con algo de resistencia. Después de todo, es difícil renunciar a lo que sientes que es tu derecho de cerrar o a lo que crees que es la respuesta apropiada de la otra persona. Por supuesto que lo es. Como sabemos, los seres humanos tienen aversión por cualquier cosa que quede inconclusa. Nuestra mente es hábil para presentarnos todos los tipos de escenarios que den sentido a las cosas que no entendemos. Con el cierre, es natural querernos aferrar al que más se parezca a lo que nos haría sentir vindicados, extrañados o tan sólo menos agobiados. Pero subconscientemente creemos que las cosas deberían pasar de la manera que queremos que pasen.

A veces sí se resuelven de ese modo. Pero a menudo, no. El cierre que logramos podría no parecerse en nada al cierre que imaginamos, para bien o para mal. O podríamos no lograr ningún cierre en absoluto.

Si has padecido la muerte de un conocido, amigo o familiar, sospecho que has sentido, en cierto grado, una falta de cierre. Esto podría ser una melancolía sobre algunas palabras que te hubiera gustado compartir con esa persona, algo que hubieras querido que supiera. O podrías estar envuelto en una gran pena, rogándole al universo un último momento con esa persona para decirle lo que hubieras deseado expresarle cuando pensabas que te sobraba el tiempo.

Imagina que eres un adulto joven que pierde a uno de sus mejores amigos en un accidente automovilístico. Mientras lidias con el intenso y doloroso sentimiento de pérdida, podrías contactar a la familia de tu amigo y preguntarles si puedes visitarlos para expresar tus condolencias y compartir los recuerdos de tu amistad con su hijo. Esto ciertamente sería un gesto apropiado, dadas las circunstancias. Podrías mostrarles fotos de su hijo y tu grupo de amigos, y ellos podrían compartir historias de tu amigo cuando era niño. Se reirían juntos, llorarían juntos. Ese día volverías a casa plenamente consciente de tu duelo, pero también con un sentimiento de cierre por haber pasado ese tiempo en compañía de los padres de tu amigo, sabiendo que habían celebrado la vida de tu amigo y que se habían apoyado mutuamente en su dolor.

Y si ocurre de esa manera, genial. Pero nada de eso está bajo tu control. El duelo es complicado. Si has experimentado la pérdida de un ser querido, sabes que la gente que está pasando por un duelo no siempre actúa de forma predecible, o incluso racional. Por eso, tenemos que darnos espacio para lidiar con nuestros sentimientos, y también tenemos que darles espacio a los demás. En esta situación es totalmente posible que, luego de contactar a sus padres, no recibas una respuesta cálida o afectuosa. En lugar de eso, recibes una breve nota agradeciéndote y pidiéndote que respetes el deseo de la familia de tener privacidad, junto con una sugerencia de una donación de caridad que puedes hacer en memoria de tu amigo.

En esta versión de la historia no obtienes el cierre que querías, pero eso no significa que no lo obtendrás de ningún modo. Podrías tratar de buscar un cierre juntándote con tu grupo de amigos a recordarlo, asistiendo al funeral de tu amigo, participando en prácticas como oración o meditación, si eres una persona espiritual, o de muchas otras maneras. Pero si el único escenario al que estás abierto es aquel donde todo ocurre justo como tú quieres, probablemente te quedarás esperando lograr un cierre durante un largo tiempo.

Entonces, ¿cómo haces que alguien te dé un cierre? No lo haces, en realidad. Los humanos son impredecibles e incontrolables. Tú eres sólo la mitad de la ecuación (o menos de la mitad, si hay varias personas involucradas). Es lo que hace que la vida sea interesante, y a menudo frustrante. Esto no significa que tu necesidad de cierre no sea válida, o que buscar un cierre no valga la pena. Pero si logras alcanzar el cierre, no será porque encontraste la forma de controlar la situación o de hacer que alguien haga lo que tú quieres. Ésa es la mala noticia y la buena noticia sobre el cierre.

El cierre no es (exactamente) aceptación

Debido a que tienes un control limitado en cualquier situación, la verdad es que podrías no recibir un cierre *nunca*. Podrías no obtener nunca las respuestas que quieres ni tener la oportunidad de expresar lo que tienes que decir. La ambigüedad y las preguntas seguirán allí. Sin embargo, en algún momento podrías llegar a reconciliarte con la realidad, aceptando las cosas tal como son, y seguir adelante con tu vida.

Digamos que de pronto pierdes tu empleo. No te lo esperabas. Tu compañía se reorganizó y tú quedaste sin una función en tu departamento. Y para hacerlo más doloroso, imaginemos que fuiste escoltado fuera del edificio una hora después de recibir la noticia, tras haberte proporcionado unas cajas de cartón para tus pertenencias y un abultado sobre de Recursos Humanos. Clientes míos que han estado en esta situación describen su reacción inicial como de sorpresa, seguida de una tristeza y una rabia intensas. Seguramente sientes que deberías haber recibido una advertencia de tu jefe. Quizá querrías saber por qué tu función fue vista de pronto como innecesaria y si tú hiciste algo para colocarte en esta situación.

Si vinieras a mi consultorio y me dijeras que quieres buscar un cierre, yo te pediría que me hablaras sobre tus expectativas. He aquí el escenario ideal que los clientes suelen describir: te reúnes con tu antiguo jefe para tomar un café. Sostienen una conversación amable sobre todos tus aportes. Tu jefe te recuerda lo talentoso y lo infinitamente empleable que eres. Tal vez incluso te ofrece conectarte con gente de su red profesional que podría ayudarte a conseguir tu siguiente trabajo. La conversación termina con algunas lágrimas cuando tu jefe te expresa remordimiento por la decisión de la compañía y te pide perdón por no haber sido capaz de abogar por ti de la forma que hubiera querido.

Pero en la realidad probablemente no sucederá así. En vez de eso, es muy posible que, cuando te comuniques, tu jefe sólo lea un guion preparado por Recursos Humanos en el que se afirma que tu despido fue una decisión empresarial y no personal, y te recuerde el número de teléfono al que puedes llamar si tienes dudas sobre tu indemnización. O podrías enviar un correo electrónico a tu jefe y no recibir ninguna respuesta. O incluso peor: una sola frase solicitando que no vuelvas a contactarlos.

Como ya lo hemos comentado, tú no controlas a las demás personas y no puedes obligar a tu jefe, ni a nadie de tu antigua compañía, a que escuche tu versión de la historia o a que responda tus preguntas sobre cómo y por qué sucedió esto. Aunque un despido puede dejarte con un deseo de cierre que puede sentirse como una obsesión, un cierre, en la situación descrita anteriormente, es quizás imposible.

¿Eso significa que estarás rumiándolo amargamente por el resto de tu vida? Tal vez. Pero puede ser que encuentres un nuevo empleo que te guste, establezcas buenas relaciones con tus nuevos compañeros y sigas avanzando en tu carrera. Es posible que nunca obtengas una explicación satisfactoria sobre por qué te despidieron o por qué tu jefe te trató de la manera en que lo hizo, pero con el tiempo podrías llegar a aceptarlo como uno de los misterios de la vida y dedicar tu tiempo y tu energía a vivir tu existencia como mejor te plazca.

Eso no es exactamente un cierre, pero es aceptación, y es la cosa más sana por la que uno puede luchar cuando el cierre no es una opción.

Reflexión final: una definición funcional de cierre

Ya tenemos una definición funcional de *cierre*. Es una sensación de claridad y paz en la cual sentimos que los cabos sueltos han sido atados. Experimentamos un deseo innato por ella, pero nuestras motivaciones y las formas que tenemos de alcanzarla pueden ser saludables o no saludables, porque todos somos humanos con nuestros propios defectos e imperfecciones. En el mejor de los casos, el cierre involucra a gente que se comunica con honestidad y que llega a un punto de entendimiento mutuo y perdón. En el peor de los casos, no llegamos a conseguirlo nunca... pero podemos encontrar otras maneras de hallar paz y seguir adelante.

Ahora comencemos el trabajo de entender y buscar el cierre.

PARTE II

Por qué queremos un cierre

CAPÍTULO 3

Estamos sufriendo

Ahora que hemos alcanzado una buena comprensión de lo que es y no es un cierre, ahondemos en las razones por las que típicamente lo buscamos. Los capítulos de esta sección te ofrecerán una profunda zambullida en las complicadas y tan humanas razones por las que queremos cierres —presumiblemente, algunas de las razones por las que decidiste leer este libro. Comenzaremos con la más sencilla de todas: queremos un cierre porque estamos sufriendo.

¿Qué puede quitar el dolor emocional intenso? Reflexioné en esa pregunta mientras redactaba este capítulo. Me lo vuelvo a preguntar una y otra vez cuando me reúno con clientes que tienen un dolor tan profundo que están inconsolables. Yo me tomo muy en serio mi papel como apoyo y guía para ayudarlos a salir de él, lo que sea que eso signifique para cada uno de ellos. Y una de las preguntas más comunes que me hacen es: "¿Cómo puedo lograr algún tipo de cierre?".

El dolor emocional puede impactarnos tan profundamente que casi se siente como si fuera un dolor físico. Quizá de ahí surgió la expresión *tener el corazón roto*. Si tú crees, como yo, en la conexión entre cuerpo, mente y espíritu, entonces podrías decir que, en efecto, el dolor emocional y el físico están conectados. Los médicos con los que he hablado sobre la gestión del dolor con frecuencia me han dicho que para un paciente es difícil describir el dolor físico de una manera que le ayude a determinar la mejor forma de apoyarlo, lo que resulta en un enfoque de prueba y error en su tratamiento. De hecho, me parece que podría ser más fácil para los profesionales de la salud mental entender la profundidad del dolor que sus clientes están experimentando. Éstas son algunas de las frases que me han dicho: "Es tan intenso que no puedo acabar el día", "Siento que voy a colapsar bajo su peso", "Tengo tanto dolor que sólo quisiera meterme a un agujero hasta que pase". Escuchar frases semejantes de parte de mis clientes hace que se me enciendan las alarmas. Sé que se trata de un paciente que sufre profundamente.

El dolor profundo puede interferir con tus relaciones, provocando que te aísles, que explotes de ira o que te sientas especialmente desvalido. Cuando es más extremo, puede parecer como que ha tomado por completo el control de tu vida. Que has perdido la capacidad de sentirte optimista, alegre, capaz. Que tu vida gira únicamente alrededor del dolor emocional.

¿Alguna vez has experimentado un dolor tan profundo? Sospecho que sí. Ciertamente, yo sí. Y sospecho que, en algún momento, también sentiste que encontrar algún tipo de cierre era la única forma de poder seguir adelante. ¿Puede un cierre hacer que el dolor desaparezca? ¡Algo tiene que hacerlo! ¿Cierto?

CUÁNDO VER A UN PROFESIONAL

Si tu dolor emocional es incesante, lo que más podrías necesitar es consultar a un profesional de la salud mental. Independientemente de que necesites un cierre o no, el dolor emocional constante puede ser una señal de algo más profundo, como una depresión o alguna otra forma de enfermedad mental. Esto no es algo de lo que tengas que avergonzarte. El dolor emocional, y cualquier enfermedad mental asociada, es tratable. El primer paso es buscar a un profesional de la salud mental, hablar de cómo el dolor afecta tu vida y trabajar juntos en un plan de tratamiento. Consultar a un profesional de la salud mental también puede ayudarte a conseguir un cierre, pero se trata de un proceso que requiere ir un paso a la vez, y un plan de tratamiento quizá necesite ser lo primero.

El dolor de una pérdida

A menudo pensamos en el dolor emocional profundo en términos de una pérdida. Podría tratarse de la pérdida de un ser amado. La pérdida de un empleo. La pérdida de la salud luego de un diagnóstico médico. La pérdida de una relación. La pérdida de un hogar seguro por culpa de un desastre natural o financiero.

Mi cliente Miguel perdió a la persona que creía que sería su mejor amigo por siempre. Su nombre era Damian. Vivían como lo hacen muchos veinteañeros, compartían un apartamento, invitaban amigos, se presentaban ligues potenciales. Un día, Damian subió a su coche para conducir a casa de sus padres para pasar el fin de semana. En el camino, su auto fue embestido por un conductor ebrio y él murió al instante. Decir que Miguel estaba emocionalmente destruido por la muerte de Damian ni siquiera comienza a describir cómo se sentía. Estaba sobrepasado por su dolor.

En nuestras conversaciones, Miguel hablaba de lo buen amigo que Damian había sido con él. Se dio cuenta de lo mucho que había dependido de él. Se habían divertido juntos, pero también se habían dado mutuamente apoyo emocional y estabilidad, a la manera en que lo hacen los amigos que se convierten en miembros de la familia. Miguel me repetía dos preguntas: "¿Por qué le pasó esto a Damian"? y "¿Por qué me pasó esto a mí?". Desde luego, Miguel sabía que no existía una respuesta para esas preguntas. Conversamos sobre la incertidumbre de la vida. Sobre sus creencias espirituales. Me compartió recuerdos de sus momentos favoritos con Damian. Y seguía sufriendo.

Durante nuestras charlas, Miguel decía lo mucho que quería que ese dolor desapareciera. Se preguntaba si alguna vez tendría una sensación de cierre y si eso era posible siquiera. Hablaba sobre qué tipo de cierre podría ayudarle a lidiar con su dolor. Sabía que, incluso si vengarse del conductor borracho fuera posible, a final de cuentas eso sería una victoria vacía y no le devolvería a Damian. Entonces, ¿qué le podría ayudar? ¿Una explicación de por qué ocurrió el accidente? Él no creía que nada pudiera explicar una tragedia como aquélla. ¿La aceptación de la muerte de Damian le daría un cierre? Miguel no estaba lo suficientemente adelantado en su proceso de duelo para considerar la aceptación. ¿Vivir su propia vida de una forma que honrara el legado de su amigo? Quizá, pero todavía no. El cierre se mantenía esquivo.

Yo había tenido conversaciones similares con clientes que habían experimentado otras pérdidas que los habían dejado con un profundo dolor emocional. Empleos y relaciones románticas son los mejores ejemplos, pero muchos de mis clientes viven con catastróficas enfermedades crónicas, y eso también puede resultar en un dolor emocional producto de saber que tu vida está siendo interrumpida y drásticamente alterada. Planes futuros súbitamente desbaratados. Aprender a vivir con limitaciones. Inseguridad sobre el porvenir. Miedo sobre cómo el diagnóstico afectará a tus seres queridos, quizá preocupación sobre si aceptarán el impacto de tu diagnóstico en su vida o si decidirán cortar todo lazo contigo y seguir adelante sin ti.

También he trabajado con clientes que perdieron a un ser querido que se suicidó. Literalmente, estaban incapacitados por el dolor emocional que sentían. Y estaban desesperados por tener un cierre, atrapados en la trampa de la cavilación y las conjeturas, preguntándose si habían sido lo suficientemente amables y amorosos y comprensivos, analizando los comentarios que su ser querido había hecho y que ahora se temían que habían tenido la intención de ser llamadas de auxilio. Querían un cierre no sólo para tratar de entender por qué su ser amado había tomado aquella decisión, sino también para que les ayudara a absolverse a sí mismos de su intensa culpa. Esta clase de dolor puede ser insoportable, y la imposibilidad de tener un cierre sólo la hace peor.

EJERCICIO: ESCUCHA TU VOZ INTERIOR

Busca un lugar libre de distracciones y de posibles interrupciones. Siéntate derecho en una posición cómoda, no rígido, no encorvado, de manera que tengas acceso total a tu respiración. Respira unas cuantas veces para relajarte, inhala por la nariz, exhala por la boca. Respiraciones profundas, no demasiado rápido, no demasiado lento; sigue a tu respiración normal, pero respira a fondo.

Con los ojos entrecerrados observa un punto en la pared frente a ti (no una ventana por donde puedas ver algo que te distraiga). Piensa en alguien con quien te gustaría hablar, que pudiera ayudarte con tu dolor. Podría ser una persona que hayas perdido, alguien sabio que en la actualidad tengas en tu vida, o alguien del pasado o del presente a quien admires particularmente. Visualízate abriéndole tu corazón respecto de tu dolor emocional. No dudes en contarle todos tus sentimientos, además de tus pensamientos y tus observaciones sobre cómo te sientes y por qué.

¿Qué expresión tiene esta persona en el rostro mientras le cuentas tu historia? ¿Qué palabras de apoyo te ofrece? ¿Hay algún consejo que te pudiera dar sobre cómo encontrar un cierre? Pregúntate: *¿Cómo puede otra persona ayudarme a sanar?* Pregúntate también:

> *¿Cómo puedo ayudarme a mí mismo a sanar?* Tómate un tiempo para escribir el mensaje que tú mismo te has dado. ¿Qué aprendiste de escuchar a tu voz interior?

Traumas de la infancia y cierre

No puedo hablar sobre el cierre como un medio de sanar el sufrimiento sin hablar del dolor de los traumas de la infancia que han sido cargados hasta la edad adulta.

Tendemos a idealizar la infancia. Las maravillas de la imaginación y el descubrimiento. Padres cariñosos. Fiestas de cumpleaños con los amigos. Clases de danza y deportes. Es mágico, ¿cierto? ¿Eso describe tu infancia? La verdad es que no describe la de muchos adultos que se sientan al otro lado de la caja de pañuelos desechables en mi consultorio. Creo que puedo afirmar que no para todo el mundo es fácil crecer. No lo fue para mí, y tal vez tampoco lo fue para ti.

Podemos acumular mucho daño mental durante el proceso de crecimiento. En la profesión de la salud mental conversamos a menudo sobre las profundas heridas psicológicas que resultan de eventos traumáticos únicos, como la muerte de un padre, un desastre natural o un abuso físico o sexual. Y a mí me ha tocado tener mi buena dosis de esas conversaciones. Un evento traumático como ésos puede provocar un daño inimaginable a un cerebro en desarrollo. Sin embargo, también quiero enfatizar el daño potencial que la constante exposición al pequeño abuso diario físico o verbal, la falta de respeto, las microagresiones, el racismo, la homofobia, el acoso y otras formas de dolor puede causar en un cerebro en desarrollo. Experimentar actos cotidianos de falta de amabilidad o de franco abuso puede ser incrementalmente destructivo para la salud mental conforme pasa el tiempo, creando un daño emocional profundo.

Estas exposiciones diarias a los actos de abuso pueden tener un efecto acumulativo con resultados profundos.

Cuando un trauma de la infancia, sea del tipo que sea, nos deja con mucho daño emocional, también nos deja con preguntas sobre qué podemos hacer para que el dolor desaparezca. Y es ahí donde el cierre entra en juego.

La mente humana crea una historia para nosotros basada en el daño que se nos hizo. Y nos dice que podemos hacer que el dolor desaparezca, incluso darle un sentido a lo que nos hicieron, recreando la historia en el presente, pero dándole un final más feliz. Si no podemos arreglar lo que sucedió en el pasado, tal vez sí podamos arreglarlo en el presente. Entonces tomamos las situaciones que nos dejaron con heridas profundas en la infancia y recreamos situaciones similares como adultos, por lo general sin darnos cuenta, con el objetivo de hacer que las cosas salgan "bien" esta vez.

Consciente o inconscientemente sentimos que, de pasar así, encontraríamos un cierre. Finalmente, la situación se "arreglaría" de algún modo. Los más probable, sin embargo, es que no consigamos el nuevo desenlace que deseamos, y que terminemos sintiendo las mismas emociones que estábamos tratando de evitar o resolver. Así que volvemos a intentarlo. Vivimos una nueva versión del drama, del abuso, de la miseria resultante, con la esperanza de que *esta* vez sí tendremos un final tan satisfactorio que todas las malas experiencias se disolverán como recuerdos distantes y nunca volverán a causarnos dolor. Que tendremos un cierre.

Tal vez has escuchado la frase que dice que la definición de locura es hacer la misma cosa una y otra vez esperando resultados distintos. Quizá suene un poco graciosa la primera vez que la escuchas. Pero si eres un profesional de la salud mental, es un ejemplo bastante triste de algo que con frecuencia atestiguamos que nuestros clientes hacen en su vida. Te daré algunos ejemplos de historias que mis clientes han traído a mi consultorio.

- Theo creció con un padre distante, retraído e hipercrítico. Como adulto, se relacionaba con mujeres que eran —sí, adivinaste— distantes, retraídas e hipercríticas. Cuando vino a verme se lamentó de que la última mujer con la que salió nunca lo había apreciado por quien era ni había conectado con él a un nivel emocional. Me pidió que le explicara por qué siempre le ocurría lo mismo.

- Tanya creció como una chica tímida y estudiosa que nunca formó realmente parte de un grupo social; por el contrario, a menudo sufría de burlas e incluso acoso. Siempre quiso ser aceptada por las chicas más populares. Como adulta, intentó hacer amistad con un grupo de mujeres en el trabajo a quienes todos consideraban como las futuras líderes de la empresa. Me contó cómo ellas no habían estado precisamente dispuestas a incluirla en sus almuerzos o sus *happy hours*, y que incluso le habían dirigido algunos comentarios mordaces.

- La madre de Cheri quería que ella fuera la mejor. Todos los días le decía que tenía que superarse. Si Cheri sacaba un 9 en la escuela, tendría que haber sido un 10. Si llegaba en segundo lugar, tendría que haber llegado en primero. Como adulta, Cheri se exigía a sí misma hasta el límite en el trabajo. Nunca sentía que era lo suficientemente buena —ni que nadie más lo era, para frustración de sus colegas. Me preguntó qué tendría que hacer para obtener el reconocimiento que merecía en su empleo. Estaba considerando renunciar a su empresa por pura frustración. Una vez más.

- Don creció en una comunidad que valoraba la hipermasculinidad. Su padre y sus hermanos mayores, al igual que sus compañeros de clase, esperaban que se les uniera en la caza y los deportes, aunque lo que él disfrutaba eran la lectura y las artes. Continuamente era acosado, golpeado por sus compañeros y reprendido por sus hermanos y su padre. Constantemente se criticaba a sí mismo por ser débil y sentía que merecía el abuso que recibía. Hace poco, Don perdió otro empleo por crear un ambiente de trabajo tóxico por gritar y amenazar a los empleados que manejaba. No entendía por qué su liderazgo fuerte estaba siendo castigado.

Cada uno de estos individuos tiene una historia que está intentando reescribir: *Si finalmente hago esto, digo lo otro, escucho aquello, entonces el pasado por fin habrá quedado en el pasado. Esos feos sentimientos desaparecerán. Las voces de crítica, el abuso, el rechazo, el dolor, la culpa —cualquier efecto residual que persista— por fin serán silenciados. Por fin, tendré un cierre.*

A menudo ensayamos en nuestra mente, una y otra vez, estas historias de nuestro pasado. Imaginamos cómo será cuando una persona emocionalmente distante y retraída nos diga lo maravillosos que somos y que no puede vivir sin nosotros y lo mucho que quiere estar con nosotros. O cuando la gente que simplemente no se da cuenta de lo interesantes o competentes que somos por fin nos diga cuánto desea tenernos en su círculo social o recompensarnos con un ascenso. O cuando las personas que nos dijeron que estábamos mal o que no éramos normales nos muestren honor, respeto y deferencia.

Ahora bien, algunos tuvimos una infancia más feliz que otros, y la mayoría tenemos cuando menos algunos recuerdos felices de nuestros primeros años. Pero hasta los recuerdos felices pueden dejarnos atorados en el ciclo de intentar reescribir una historia. Por ejemplo, es posible que hayas tratado de volver a experimentar sentimientos agradables de la infancia en tus relaciones románticas, en un intento de ser tan feliz como alguna vez lo fuiste en tu vida. *¿Es que no puedo recuperar eso?* Podrías esperar que obtener este tipo de cierre reafirme que tú en verdad mereces ser feliz, o que experimentar esta felicidad con una persona nueva ayudará a preservar el recuerdo de alguien de tu pasado. O quizás a lo largo de los años has sentido culpa por no haber sido tan agradecido como tendrías que haberlo sido en el pasado, y decides que esta vez apreciarás totalmente tu felicidad, te sentirás agradecido por tenerla y no dejarás que se te escape.

Yo llamo a este fenómeno "la fantasía del cierre": la máxima recompensa por sufrir la acumulación de dolor que comenzó durante la infancia. Algunos profesionales de la salud mental podrían debatir la terminología que uso, dependiendo de su orientación terapéutica. Sin embargo, para mí, el intento por romper el ciclo del abuso en la infancia repetido en la adultez tiene que ver, en el fondo, con hallar un cierre. Con hacer que finalmente todo mejore. ¿Y acaso no es eso lo que esperamos que un cierre nos dé?

Hay algo primigenio y esencial en esta fantasía del cierre que arrastramos por ahí, pero en cierto nivel también es simplista y no basada en la realidad. Con frecuencia tengo clientes que me describen exactamente cómo será cuando por fin encuentren un cierre, cuando por fin reciban el respeto, amor, inclusión o lo que sea que sientan que la vida les ha negado hasta ahora. Esta escena de fantasía no sólo es irracional e innecesaria para tu salud mental, sino que también puede causar más daño debido al ciclo de derrota, decepción e impotencia que le sigue.

EJERCICIO: **TRANQUILIZA A TU NIÑO INTERIOR**

La mayoría no tuvimos una infancia de ensueño, y muchos aún conservamos restos de dolor. ¿Bajo qué circunstancias tu dolor de la infancia tiene más probabilidades de ser removido? ¿Qué lo detona o te provoca que se despierte? Piensa en la última vez que te sentiste emocionalmente fuera de control. ¿Esos sentimientos eran familiares?

¿Recuerdas la primera vez que te sentiste así? Si te tomas el tiempo para reflexionar en ello, seguramente serás capaz de conectar los sentimientos actuales de pérdida de control con la manera como te sentías de niño cuando no eras comprendido, no se te permitía expresarte, te castigaban, te acosaban, o cuando viviste cualquiera de los eventos de la infancia que encuentran la manera de llegar a nuestra vida de adultos.

Ahora piensa en cómo calmarte cuando estos sentimientos son removidos. ¿Qué puedes decirte a ti mismo para volver a la sensatez? ¿Qué puedes hacer por ti para conectar con tu centro? ¿A quién puedes llamar para que te ayude a ordenar tus sentimientos? Ten en mente un kit de herramientas autotranquilizantes que puedas utilizar cuando lo necesites. Empieza este proceso antes de que contactes a alguien para buscar un cierre; el cierre podría estar allí.

El poder de las historias

¿Cuál es tu historia? Todos tenemos una. Las historias son parte de ser humano. Pueden darnos la fuerza para escoger vivir de otra manera, para no repetir el pasado, para no ser destruidos por aferrarnos al dolor. Pueden motivarnos a repetir los actos de bondad y los momentos de inspiración que hemos presenciado, llevándonos hacia una vida productiva, feliz y exitosa. O pueden atraparnos en un ciclo en el que repitamos el mismo comportamiento autodestructivo una y otra vez.

Por eso yo, personalmente, no defino a la locura como hacer la misma cosa y esperar resultados distintos. Yo llamo a eso tener una historia. Y con demasiada frecuencia, nuestras historias interfieren constantemente en nuestra vida y repiten el mismo daño emocional, dejándonos con un dolor familiar, pero no menos devastador, y, en el proceso, manteniéndonos atrapados en una cinta rodante que no lleva a ninguna parte.

No, eso no es locura. Eso es ser humano.

Lo que digo aquí, en esencia, es que intentar sanar el pasado a través de tus acciones del presente es difícil, sobre todo cuando dependes de que te ayuden las acciones de otras personas. (Busca en el capítulo 2 mi discurso sobre cómo no podemos controlar a otras personas y cómo tratar de controlarlas en realidad nunca lleva a un cierre.) Hablando como un profesional de la salud mental, la manera de sanar el pasado es hacer el trabajo necesario para lidiar con lo que ocurrió en el pasado. Que valientemente te permitas observar lo que te sucedió, identificar los sentimientos que experimentaste, explorar el papel de las personas que te causaron dolor y el papel que tú mismo jugaste, intencionalmente o no. Eso es un trabajo duro. Pero es el trabajo que se requiere para llegar a un verdadero cierre o aceptación. Comienza y termina contigo, no con recrear una experiencia en el presente para intentar sanar el dolor del pasado.

No es mi intención insinuar que el intento de buscar un cierre para sanar las heridas emocionales de la infancia sea una tarea inútil. He visto clientes que logran tener relaciones que finalmente les proporcionan la evidencia de que pueden vivir de una forma distinta, ser tratados de otra manera, construir el futuro que habían soñado. Puede pasar. ¿Que los demonios del pasado siguen rondando en el trasfondo? Probablemente. Pero esos clientes son capaces de vivir en el presente y de seguir creciendo.

Sin embargo, con demasiada frecuencia veo clientes que repiten una y otra vez la misma danza con los mismos resultados insatisfactorios. Hasta que no se ocupen del problema que tienen dentro, entregarle constantemente su poder a otra persona, y pedirle a esa persona que los arregle, sólo los va a regresar al principio. Si tú estás en esa posición, ¿no sería hora de que consideres renunciar a la lucha y reenfocarte en comprender las voces que hay dentro de ti y que te dicen lo despreciable, lo antipático o lo incompetente que eres? En otras palabras, la próxima vez que la misma música comience a sonar, ¿no sería hora de ponerse a cantar una canción distinta?

Con frecuencia busco ese tipo de historias cuando trabajo con mis clientes. A veces, la historia surge a la luz para que podamos examinarla juntos; a veces, no. De cualquier forma, pienso que es una conversación importante para ayudar a los clientes a tener claridad sobre lo que los está reteniendo. Nadie está atrapado en el pasado, ni destinado a repetirlo una y otra vez, a menos que uno mismo se lo permita.

AUTOEVALUACIÓN: ANTES DE QUE BUSQUES UN CIERRE

Mientras consideras los potenciales beneficios e inconvenientes de buscar un cierre para sanar un incesante dolor emocional, te dejo aquí algunas preguntas que deberías hacerte.

- ¿Por qué me siento de esta manera? ¿Cuál pienso que es la fuente de mi dolor?
- ¿Estoy buscando el cierre de una forma que aborde directamente la fuente de mi dolor?
- ¿Se ha despertado algún sentimiento o recuerdo del pasado, y es algo que necesito afrontar de otra manera?
- ¿La intensidad de mi sentimiento es apropiada para la situación?
- ¿Exactamente, cómo tendría que ser el cierre para que mi dolor desaparezca?
- ¿Qué tan posible es que mi enfoque de cómo obtener un cierre dé como resultado el cierre que deseo?
- ¿Esta persona/entidad tiene la capacidad, siendo realistas, de proporcionarme un cierre?

- ¿Es posible que el cierre que busco se sienta como una victoria vacía?
- ¿Este cierre será suficiente para hacer que todo mi dolor desaparezca? ¿O sólo una parte?
- ¿Estoy preparado para sobrellevarlo si no obtengo el cierre que deseo?

Tomarte el tiempo para considerar estas cuestiones puede ayudarte a ser más consciente de lo que puedes o no esperar, y a protegerte de un mayor sufrimiento.

Reflexión final: sufrir es humano

¿Recuerdas el personaje del Hombre de Hojalata de *El mago de Oz*? Al final de la película, cuando Dorothy le entrega al Hombre de Hojalata un reloj que hace tic-tac, él dice que ahora sabe que tiene un corazón porque se le está rompiendo. ¿Cuántas otras películas, canciones y libros hablan sobre el dolor de un corazón roto? El mensaje más importante aquí es que tener un corazón roto es humano.

En mi experiencia, una de las principales causas del dolor emocional es la incapacidad o el rechazo para aceptar lo que ha pasado, o para decirlo de forma más directa, negarse a aceptar la realidad. Cuando no puedes o no quieres enfrentar la realidad de una situación, inicias al interior de tu mente una batalla en la que el lado puramente emocional se pelea contra el lado racional. ¿Cuál es el resultado? Más dolor. Nos enfocaremos más en el papel de la aceptación en la parte 4. Un cierre podría ofrecerte lo que necesitas escuchar para ayudarte a aceptar las cosas tal como son y seguir adelante. O quizá no.

Buscamos un cierre para sanar nuestro dolor emocional. Tenemos la esperanza de que algunas palabras, acciones o la intervención divina pongan fin a nuestro sufrimiento y marquen el inicio de lo que esperamos o rogamos sea un camino hacia adelante. Es simplemente humano querer que nuestro dolor termine. Querer un cierre. A veces el cierre que se presenta de verdad es mágico. Otras veces, es sólo una esperanza, un sueño, una fantasía.

CAPÍTULO 4

Estamos enojados

Los sentimientos de ira están íntimamente relacionados con los de dolor y, como ellos, son una motivación frecuente para buscar un cierre. Cuando sentimos que hemos sido lastimados, emocionalmente o de cualquier otra forma, lo más natural es sentir enojo al igual que dolor. Todos nos enojamos de vez en cuando —o bastante seguido. Los sentimientos de ira pueden generar el deseo de buscar un cierre, ya sea de una manera saludable o malsana. Podrías querer resolver los sentimientos de enojo simplemente hablando de ello con calma, o podrías querer hacerlo asegurándote de que la otra persona sepa lo furioso que estás, regañándola u obligándola a que te ofrezca la disculpa que mereces.

Antes de que comience a hablar del enojo y su relación con el cierre, me gustaría dar un paso atrás y mirar más de cerca el papel de la ira en la vida moderna. Tal vez estés de acuerdo conmigo en que vivimos en una cultura de la ira. La vemos por todas partes. En las noticias. En nuestro lugar de trabajo. En la calle. En tiendas y restaurantes. En el tráfico. En reuniones familiares. Quizás has tenido la experiencia, como yo, de estar conversando con total civilidad con una persona educada y amistosa y, de repente, cuando los temas políticos o sociales salen a colación, ver que su rostro se contorsiona de rabia y que suelta unos improperios que no te esperabas. Yo ciertamente veo mucho enojo en mi área laboral. Algunos de mis clientes simplemente hierven de rabia o han sido el blanco de la furia de alguien más, y quieren que yo los ayude a cambiar, o a sobrellevarlo, o ambas cosas.

Una vez dicho esto, quiero reconocer que el enojo puede ser una fuerza positiva para cambiar. Por ejemplo, el enojo ha ayudado a gente de todo el mundo a organizar sus fuerzas para hacer las reformas sociales que se requieren. El enojo ha provocado que la gente oprimida luche por sus derechos. Ha hecho que los recursos se dirijan hacia las personas que los necesitan, y que se creen nuevos recursos. Ha llevado a una mayor consciencia de las disparidades económicas o de salud, cuando alguien finalmente se enfureció lo suficiente para sonar la alarma.

También puedo dar fe del papel del enojo para motivar el cambio individual. Tengo clientes que, cuando por fin reconocieron su ira en la situación en la que se encontraban, se sintieron listos para afrontar los riesgos de buscar una nueva manera de vivir. Admitieron que su empleo actual o su carrera los hacía miserables. Que una relación no les era favorable, o que no los hacía felices, o que de plano era abusiva o tóxica. Que su estilo de vida presente, como los hábitos alimenticios poco saludables o el abuso de sustancias, tenía que cambiar. Mis clientes se permitieron sentir su enojo como un aspecto de su vida, lo canalizaron como energía positiva y siguieron adelante.

Así que sí, el enojo puede tener su lado bueno. Pero en el día a día, el aumento de la ira es alarmante. No trato de ser fatalista, pero por lo que yo veo, pareciera que el incremento de la ira en el mundo no va a terminar pronto. La ira se ha convertido en una emoción por defecto, si no es que en *la* emoción por defecto, del mundo en que vivimos.

El enojo como emoción de cobertura

El enojo a menudo comienza pequeño, como resentimiento. El resentimiento que sientes cuando, después de que has trabajado larga y arduamente, le ofrecen a alguien más el ascenso esperado. El resentimiento que sientes cuando una valiosa relación profesional se daña por la falta de atención de uno de tus colegas. El resentimiento que sientes cuando tu pareja se muestra menos comprometida con tu felicidad y tu paz mental de lo que tú estás con la suya. El resentimiento que sientes cuando te enteras de una reunión familiar o de amigos a la que no fuiste invitado. El resentimiento puede acumularse a lo largo del tiempo, o puede estallar repentinamente en forma de enojo.

El enojo nos hace querer hacer algo, querer actuar. Es totalmente humano querer hacer algo con nuestros sentimientos de ira o resentimiento, dejarlos salir, hacer que desaparezcan. El enojo nos devora sin piedad, nos dificulta ser productivos, daña las relaciones, separa a la gente y lastima tu salud física y emocional. Como consecuencia, es completamente lógico que nos motive a buscar un cierre. *¡Necesito hacer algo para que este enojo desaparezca!*

Me parece importante retroceder un paso aquí y darte algo de contexto sobre la psicología del enojo. El enojo es una emoción primaria, lo que significa que es fundamental, instantánea, visceral. Pasa algo que no nos gusta, y *¡pum!* Enfurecemos.

Pero el enojo también puede ser una "emoción de cobertura". Déjame explicarte qué quiero decir con eso. ¿Alguna vez te has sentido abrumadoramente triste, simplemente derrumbado bajo el peso de tu tristeza... y de pronto te descubres enojándote como una forma de evitar sentir la profundidad de esa tristeza? Ésa es una manera en que el enojo puede ser utilizado como emoción de cobertura. Lo usamos para protegernos de los sentimientos que son especialmente difíciles de soportar, como la tristeza, el miedo y el dolor. Nos enojamos para poner un escudo que impida a los demás acercarse demasiado a nuestro lado sensible, el lado que se siente triste, temeroso, herido.

Por ejemplo, con frecuencia mis pacientes expresan sentimientos de furia cuando hablo con ellos sobre una separación. Se sienten lastimados y tristes, pero eso aún no pueden reconocerlo. Yo tengo que ayudarlos a sortear el enojo, a dejar que esos sentimientos de ira salgan a la luz antes de que puedan empezar a contemplar lo lastimados que están. Otro ejemplo: puede ser difícil ver lo temerosos que nos sentimos cuando perdemos nuestro empleo. Es posible que estemos aterrados por perder nuestro sustento o por no ser capaces de mantener a nuestra familia. Es difícil enfrentar el miedo y la impotencia que esto trae consigo. Es mucho más fácil expresarlo como furia contra tu antiguo patrón.

La ira es tan útil como emoción de cobertura que, cuando estaba haciendo mi formación de posgrado en el Instituto Albert Ellis, aquí en Nueva York, una vez me acerqué con uno de mis profesores y le pregunté si la ira en realidad no era *siempre* una manera de cubrir otras emociones. Me dijo: "Gary, ¿alguna vez le has quitado el biberón a un bebé?". "Desde luego que no", le contesté. Me dijo: "Bueno, si lo haces, escucharás muchos gritos. Ese bebé estará furioso". La ira *es* una emoción primaria. Y también es una emoción de cobertura.

Mi punto aquí es que se vuelve realmente importante que analices tu enojo antes de buscar un cierre. Para que entiendas el origen de tu ira. Y para que tengas tus intenciones claras para ti mismo, de modo que puedas dejarle tus intenciones claras a la persona de quien estás buscando un cierre. (Leerás más sobre el tema de la intencionalidad en la parte 3 de este libro.) Buscar un cierre sin tomarte el tiempo de comprender por qué estás enojado y si en verdad es enojo lo que quieres cerrar o algún otro sentimiento que no estás permitiendo que aflore para que seas consciente de él, puede terminar dañando una relación o tu propio bienestar emocional, o ambos.

Creo que es seguro afirmar que, si descargas tu coraje con alguien cuando en realidad lo que sientes es una profunda tristeza o miedo, no quedarás en una mejor posición, emocionalmente hablando.

Cómo el enojo motiva la búsqueda de un cierre

Piensa en la última vez que te enojaste por algo. Tómate un momento y de verdad siente la furia. Esto podría requerir cierto esfuerzo, pero si eres como la mayoría de la gente, podrás acceder fácilmente a los recuerdos de los eventos frustrantes de tu vida y el coraje que resultó de ellos. Muchos de mis clientes me cuentan que sentir el enojo es demasiado fácil, que esos recuerdos siempre están en la superficie, listos para ser revividos por eventos que ocurren en el presente. De hecho, es posible que en este momento de tu vida te encuentres en medio de una situación que te esté causando un gran enojo, para la cual esperas poder encontrar algún tipo de cierre para sanar tus sentimientos de ira.

Cuando experimentes esos sentimientos, pregúntate: *¿Cómo podría algún tipo de cierre ayudarme a sanar mi enojo?* Los siguientes son algunos de los resultados deseados más comunes cuando buscamos un cierre que está motivado por el enojo.

Sentirnos comprendidos

Una de las cosas más frustrantes en la vida es sentirse incomprendido o, peor aún, no escuchado en absoluto. Cuando sentimos que otra persona no está entendiendo nuestro punto de vista, simplemente no podemos evitar querer encontrar una manera de hacer que esa persona lo "capte". Esto puede convertirse en una obsesión. Te quema, te devora. *¡Esa persona necesita entender por qué estoy furioso! ¡Entonces tendré mi cierre!*

De ahí se deriva que tu expectativa de cierre podría girar alrededor de una conversación. Podrías querer sentarte con esa persona que ha provocado tu enojo y explicarle por qué te sientes así. Podrías esperar que ella continúe con una explicación sobre cómo se siente, lo que podría llevar a extender la discusión, a más explicaciones de ida y vuelta, para crear un entendimiento.

Si todo sale bien, buscar un cierre para lograr un entendimiento puede ser un verdadero constructor de relaciones. Puedes aprender sobre la persona de quien estás buscando el cierre, cómo respondió al enojo, qué tan comprometida está a mantener una relación contigo. Y ella también podría aprender algo sobre ti.

Desde luego, la otra posibilidad es que no entienda tu coraje. De hecho, podría decir que estás exagerando, que estás confundido, que estás siendo dramático, lo cual dejaría tu enojo intacto, si no es que en un nivel más alto que cuando empezaste. Ése es el riesgo de buscar un cierre para sanar tu ira por medio de ser comprendido.

Obtener una disculpa

Mis clientes me hablan a menudo sobre el valor de una disculpa para sanar sus sentimientos de ira. Una frase como "Sólo quiero que me entienda…" con frecuencia es seguida de "…y se disculpe por lo que me hizo". Cuando alguien hace algo que nos provoca un daño, emocional o de otro tipo, queremos una disculpa. Queremos que esa persona asuma su responsabilidad y reconozca lo que hizo para provocar nuestro enojo.

La buena noticia es que la gente puede, y a veces lo hará, aceptar tus sentimientos de ira, escucharte y disculparse. Podrían empezar a disculparse en cuanto vean lo enojado que estás, al darse cuenta de que lo que hicieron tuvo consecuencias inesperadas. O puede ser que necesiten escuchar claramente de ti qué fue lo que te hizo enojar, por qué estás reaccionando de ese modo y el impacto que sus palabras o sus acciones tuvieron sobre ti. En cualquier caso, una disculpa puede acercarlos y profundizar su relación.

O, por el contrario, la otra persona podría negarse a asumir su responsabilidad, alegando que toda la situación es tu culpa. O podría decir que no ve que haya ningún problema y "entonces, ¿por qué estás tan enojado?". O podría dedicarte una sonrisa de Mona Lisa y decirte algo como "Lamento que te sientas así". En estos casos, podrías terminar incluso más enojado de como empezaste.

Vengarse

Somos humanos. Nuestros motivos no siempre son puros. Cuando nos presionan un botón emocional, el pensamiento racional puede salir volando por la ventana. Nos presionaron los botones, y ahora nosotros queremos presionar los suyos. Y ni siquiera podríamos ser conscientes de que eso es lo que está sucediendo.

Digamos que te enteraste de que no fuiste invitado a la fiesta de cumpleaños de un amigo, y vaya que estás enojado por eso. Decides que estás tan enojado que tu amigo necesita saberlo. Esperas hasta la noche anterior a la fiesta para llamarlo. Para decirle que sabes de la fiesta, que no puede mantenértelo oculto. Expresas lo ofendido y enojado que estás por el hecho de que te haya tratado de esa forma. Sabes que ese amigo es muy sensible y se toma las cosas a pecho, así que puedes estar seguro de que se sentirá demasiado culpable para divertirse al día siguiente en la fiesta.

Lanzar una granada emocional puede sentirse bien en el momento, pero, como lo comentamos en el capítulo 2, la venganza no es lo mismo que un cierre. Y las granadas dejan mucho daño tras de sí.

EJERCICIO: **SACA TODO ESE CORAJE**

Los clientes suelen preguntar cómo pueden sacar todo ese coraje que traen guardado de una forma que no vaya a dañar su reputación o sus relaciones. Las actividades para liberar el enojo pueden ayudarte a superar la fiebre inicial de emociones y adoptar una visión más racional de lo que te está molestando. Piensa en algo por lo que actualmente estés enojado. Ahora, canaliza ese coraje hacia una actividad. Aquí te presento algunas ideas.

- Escribe una carta ofensiva que no tengas intenciones de enviar.
- Golpea una almohada.
- Patea una pelota de playa contra la pared y vuélvela a patear cuando regrese a ti.
- Da un paseo veloz diciéndoles a las personas involucradas lo que piensas (en silencio si estás rodeado de gente, en voz alta si no).
- Encuentra un lugar donde no llames la atención ni asustes a nadie y grita algunos buenos improperios.
- Pregúntate: ¿qué se siente dejar salir parte de ese enojo?

Sopesando los riesgos

A medida que avancemos en este capítulo, quiero hacer hincapié en que lograr un cierre para sanar los sentimientos de ira pude construir una relación. Dejar salir el coraje y el daño puede ayudarlos a ti y a la otra persona a entenderse mejor. A estar al pendiente de las emociones del otro. A ser más consciente de sus necesidades y vulnerabilidades. Pero dado que solemos temer los lugares oscuros a los que el enojo puede conducirnos, podríamos perdernos del crecimiento que se puede adquirir gracias a sanar la ira por medio del cierre. Así que déjame repetirte que el cierre puede ser una poderosa herramienta para sanar el enojo.

En tanto que terapeuta, he visto a muchos, muchos clientes reunir finalmente el valor de sentarse con un amigo, una pareja, un miembro de la familia o un colega, buscar un cierre hablando sobre sus sentimientos de ira, y terminar con una sensación de sanación como resultado. *Sanación* es la palabra clave aquí. Si has sentido los efectos de la ira sobre tu bienestar físico y emocional, sabes a lo que me refiero.

Pero lo opuesto también puede ser verdad. Mira a Darryl y Rebecca. Los dos eran amigos muy cercanos, casi inseparables. A diario hablaban por teléfono y cenaban cada sábado en el mismo restaurante. Conversaban sobre todo: el trabajo, la familia, cualquier ligue que tuvieran. Todo.

Darryl siempre fue consciente de que Rebecca podía ser difícil a veces. Ella era muy directa, a veces hasta el punto de parecer hostil, pero él lo atribuía a su naturaleza y se decía que tenía que aceptar sus comentarios en ocasiones hirientes y hasta humillantes como una prueba de que se preocupaba por él. Rebecca también podía ser controladora por momentos; le decía a Darryl qué debería o no debería hacer, y lo criticaba cuando no seguía su consejo. A veces se enojaba con él, repentinamente y con gran intensidad, por algo que ella pensaba que él había hecho mal, como cuando le reclamó por no sugerir qué película deberían ver y hacerla cargar con la parte más pesada de su relación. También podía ser muy competitiva, menospreciándolo cuando él le contaba sobre un logro o expresaba una opinión. Cuando Rebecca comenzó a salir con alguien, le señalaba a Darryl sus defectos en frente de su nueva pareja, a veces incluso burlándose de él. Finalmente, un día Rebecca lo llamó y lo acusó de no ser un amigo solidario y comprensivo, y le dijo que se iba a tomar un descanso de su relación.

Al principio, Darryl estaba triste. Sentía que había sido un amigo leal y no entendía la acusación. Pero a medida que reflexionaba en su relación —en las ocasiones en que Rebecca lo había humillado, que lo había hecho sentirse avergonzado al tratar mal a la gente del servicio, que había intentado decirle qué hacer, que lo había amenazado con retirarle su amistad si la decepcionaba de algún modo—, comenzó a sentir resentimiento contra ella. Y le siguió la ira, mucha ira, cuando se dio cuenta de lo tóxica que su presencia había sido en su vida. A decir verdad, Darryl se ponía furioso cuando pensaba en todo el tiempo que había pasado con Rebecca y en lo que había tenido que soportar.

Sin embargo, Darryl dudaba en tener una conversación con Rebecca. Sabía que ella era mucho mejor que él para debatir, y temía que una discusión cara a cara terminara en una hábil negación de su comportamiento por parte de ella y en un sermón sobre los propios problemas psicológicos de él. Después de todo, había conocido a Rebecca por años. ¿Por qué habría de comportarse de otro modo ahora? ¿Qué tan probable era que pudieran tener una conversación sincera sobre su relación: qué había salido bien, qué había contribuido a que se pelearan, qué podían haber hecho distinto, compartir recuerdos felices, intercambiar buenos deseos...? En la mente de Darryl, no mucho. Al final, él decidió no buscar una conversación de cierre con ella; por el contrario, decidió aceptar la situación como era y seguir adelante, aunque no pudiera desahogar su coraje y sus preguntas quedaran sin respuesta.

Cuando buscamos un cierre con otra persona le estamos pidiendo algo, ya sea que simplemente nos escuche o que reaccione de alguna manera. Hasta cierto grado, haces que tu sanación dependa de cómo la otra persona elige responder. Esto puede acercar a dos personas y fortalecer su relación, o puede crear una división entre ellos e incluso hacer que la relación termine. Es importante abordar cualquier conversación de cierre teniendo una comprensión de estos riesgos.

Una nota sobre la ira contra las organizaciones

Por lo general, cuando buscamos un cierre para sanarnos de la ira, queremos ir directo a la fuente del enojo, esa persona que vemos como la causa. Pero ¿la persona que tienes en mente es de verdad quien provocó tu ira, o tan sólo representa a una organización con la que estás enojado? ¿Estás enojado con un trabajador en específico, o estás enojado con tu banco, con una línea aérea o con el consultorio de tu médico? En otras palabras, ¿intentas sentirte mejor echándole la culpa a alguien que no la tiene? Si alguna vez has sacado tu coraje con un representante de servicios al cliente o con un recepcionista, puede ser que también te hayas dado cuenta de que el cierre que recibiste fue temporal, en el mejor de los casos, potencialmente seguido por mucho remordimiento. Y yo he tenido a algunos de esos atormentados profesionales del servicio como clientes, así que he visto cómo terminan queriendo ellos mismos un cierre propio como resultado del daño y el enojo que el maltrato de la gente les provoca. Mi punto es: asegúrate de tener claro cuál es la verdadera fuente de tu enojo y de que no estás simplemente enfurecido contra alguien que en realidad no está en posición de darte el cierre que buscas.

AUTOEVALUACIÓN: EL CIERRE PARA LOS SENTIMIENTOS DE ENOJO

Cuando consideres que necesitas un cierre para sanar tus sentimientos de enojo, es importante que te tomes el tiempo para entender tu ira. Eso significa observarte a ti mismo y hacerte algunas preguntas incómodas, de modo que puedas abordar la búsqueda de cierre con una mente racional. Éstas son algunas de las preguntas que deberías hacerte:

- ¿Por qué estoy tan enojado?
- ¿Yo jugué en todo esto un papel que no quiero ver?
- ¿Es verdaderamente enojo lo que estoy sintiendo o es un sentimiento diferente que no quiero reconocer, como tristeza, decepción o miedo?
- ¿Qué clase de cierre estoy esperando? ¿Entendimiento? ¿Perdón?
- ¿Mis motivos para un cierre son productivos o tengo algún deseo de causarle un daño a la otra persona?
- ¿Qué puedo razonablemente esperar de la persona de quien estoy buscando el cierre?
- ¿La intensidad de mi enojo es apropiada a la situación o está relacionada con un sentimiento o recuerdo del pasado que ha sido traído de vuelta y que necesito abordar de otra manera?
- ¿Estoy preparado para la posibilidad de que pueda terminar mi intento de cierre sintiéndome aún más enojado?
- ¿Estoy intentando encontrar un cierre con la persona que causó mi enojo, o esa persona es el rostro de una organización que necesita saber de mi enojo a través de otros medios?

Reflexión final: optar por hacer lo mejor

A menudo se nos enseña que, cuando estamos enojados con otra persona, lo más saludable por hacer es sentarnos con ella y resolver las cosas hablando. Aprendemos esto de nuestros padres y maestros; lo vemos en los medios. Y pensando en retrospectiva, puedo decir que mi primera experiencia encontrando un cierre fue para resolver una situación de enojo en la escuela, cuando era niño.

Pero también vivimos en un mundo en el que el enojo no siempre se resuelve con un cierre —a menos que cuentes los mensajes de odio de las redes sociales, la venganza o hacer un daño directo como cierre. Creo que puedo decir, sin temor a equivocarme, que mucha de la ira en el mundo no está siendo resuelta, sino perpetuada. No, eso no es un cierre.

Es totalmente humano enojarse de vez en cuando, pero todos podemos escoger cómo lidiar con eso. Podemos optar por buscar un cierre para sanar los sentimientos de ira de una forma que nos ayude a crecer como individuos y a construir relaciones, o que nos permita alejarnos de una relación con dignidad, respeto hacia la otra persona e integridad.

CAPÍTULO 5

Nos sentimos impotentes

¿Cuándo fue la última vez que te sentiste impotente? La vida parece darnos a diario oportunidades de sentirnos así. Y al igual que el dolor y el enojo, ese sentimiento de impotencia puede conducirnos al deseo, si no es que a una obsesión, por encontrar un cierre.

Estoy abordando la impotencia relativamente pronto en nuestra exploración del cierre porque mis conversaciones de cierre con mis clientes con frecuencia incluyen hablar de sus sentimientos de impotencia. ¿Por qué esta conexión? Piénsalo de este modo: casi por definición, la razón de que quieras un cierre es que no tuviste control sobre una determinada situación. No resultó como querías, y fuiste incapaz de cambiar eso. Esa falta de control original crea un deseo de resolución, y si intentas obtener esa resolución y fallas, eso sólo te recuerda tu constante falta de control.

No creo que pase una semana sin que hable con un cliente sobre sus sentimientos de impotencia. Muchos de mis clientes viven con padecimientos crónicos o catastróficos; algunos ya se acercan al final de su vida. Recibir un diagnóstico médico puede ser una de las situaciones de mayor impotencia que existen. No sabes por qué te está pasando a ti. Tal vez tengas que hacer cambios mayores en tu estilo de vida que tú no escogiste y que no quieres hacer. Puede ser que no sepas lo que eso significará para tu futuro. Es como si un huésped al que no invitaste se mudara a tu casa y tomara el control de tu hogar.

Yo hablo con mis clientes sobre la impotencia también en otras situaciones. Problemas financieros que se sienten permanentes e irresolubles. Una relación que puede estar irreparablemente dañada. Preocupaciones sobre un hijo o algún otro miembro de la familia que está tomando malas decisiones. Sentirse atrapado en un empleo miserable. Y así podemos seguir. La vida parece darnos todo tipo de razones para sentirnos impotentes.

Y es completamente humano temer a los sentimientos de impotencia. Queremos tener el control, o al menos ejercer algún poder sobre nuestras decisiones. Queremos saber que si hacemos *esto*, conseguiremos *aquello*. Queremos certeza de que estamos en la ruta adecuada para obtener eso por lo que hemos trabajado, que hacer lo correcto va a darnos la recompensa que deseamos. No queremos tener que lidiar con cosas malas, tener que experimentar malos sentimientos. Buscamos un cierre para responder a las preguntas que no podemos responder, esperando que la información nos haga sentir que vamos en el asiento del conductor. Queremos un cierre que nos absuelva de cualquier acción pasada que desearíamos poder cambiar.

Comencemos con un pequeño ejemplo de impotencia. Imagina que estás conduciendo al trabajo por la autopista en hora pico. De repente, un auto te rebasa por el lado izquierdo y se te cierra para quedar frente a ti. Podrías tan sólo poner los ojos en blanco y alzarte de hombros, y tal vez reducir un poco la velocidad para poner algo de distancia entre tú y el conductor agresivo. Pero ¿qué tal que este incidente te trae recuerdos de tu infancia y te hace sentir que estás siendo molestado y que te están faltando al respeto, que eres incapaz de protegerte de alguien a quien le pareció divertido empujarte? Entonces, te cambias al carril izquierdo, te emparejas con el bravucón del otro auto, le enseñas el dedo y te le cierras.

¡Vaya! ¡Tú, la antigua víctima, finalmente reaccionas con agresividad y no dejas que otra persona abuse de ti! Todos esos cabos sueltos de impotencia se atan momentáneamente en un nudo firme. Por fin, obtienes tu cierre. ¿Cierto? ¡Y claro que se siente bien! Por el momento...

¿Y qué hay de un ejemplo más significativo de impotencia? Déjame contarte sobre Amelia, productora de un importante canal televisivo de noticias cuyo trabajo tiene que ver con manejar miles y miles de detalles. Muchos se planean y se resuelven por adelantado; otros tienen que ser resueltos cuando se presentan. A ella le encanta su trabajo, pero puede llegar a sentirse abrumada por el estrés. Con frecuencia se siente como un maestro de ceremonias en un circo de tres pistas, rodeado de leones que todo el tiempo están buscando la oportunidad de saltarle encima. Ella cree que siempre está a un error de distancia de dañar su reputación, o incluso de perder su empleo.

La semana pasada, uno de esos temidos momentos ocurrió. Un detalle se le escapó en un día especialmente ajetreado, y como resultado, perdió la oportunidad de que uno de sus reporteros al aire entrevistara a un importante político. Fue una gran pérdida para el programa en el que trabaja. Y los ojos de todos estaban puestos en ella como la persona que dejó caer la bola.

Amelia se siente terrible desde que esto ocurrió. No ha podido dormir bien durante una semana. Se siente expuesta, avergonzada, triste. Enojada consigo misma. Le preocupa que este error nunca sea olvidado ni perdonado. Desearía que nunca hubiera ocurrido, que tan sólo pudiera hacerlo desaparecer. Normalmente suele enorgullecerse de tener el control en todo momento, pero ahora se siente impotente para arreglar el daño provocado al programa y a ella misma.

Su mentor le ha aconsejado mantener la frente en alto y volver al trabajo, pero Amelia quiere un cierre para hacer que esos sentimientos de impotencia desaparezcan. Ha pedido una cita con el productor responsable para hacer un recuento de los eventos que condujeron al error. Quiere descubrir el detalle faltante que explique por qué sucedió así, que deje claro que las circunstancias no eran las normales. En el fondo, quiere ser absuelta, o al menos quiere que quede claro que cualquiera en su posición podría haber cometido el mismo error. En otras palabras, quiere que su productor en jefe le dé el cierre que necesita.

La impotencia nos hace sentir atrapados. Un cierre puede sentirse como la salida a esa trampa.

EJERCICIO: ¿CÓMO HAS AFRONTADO LA IMPOTENCIA?

Piensa en algún momento de tu vida en que te hayas sentido impotente por algo que te ocurrió a ti o a otra persona, y considera las preguntas siguientes. No uses esto como una excusa para criticarte; todos hacemos lo mejor que podemos en el momento, con lo que sabemos y con los recursos que tenemos disponibles.

- En aquella situación, ¿qué sentimientos te afloraron?
- ¿Cómo lidiaste con tus sentimientos?
- ¿Esos sentimientos te llevaron a que te encerraras?
- ¿Esos sentimientos te empujaron a que actuaras?
- Mirándolo en retrospectiva, ¿hay algo que pudieras haber hecho distinto como respuesta a tu impotencia?
- ¿Obtuviste algún conocimiento sobre tu forma de hacer frente a la impotencia?

¿Qué pasa si finjo que todo está bien?

Gracias al trabajo con mis clientes, he aprendido mucho sobre las maneras que tienen de afrontar, o no afrontar, los sentimientos de impotencia. A menudo la gente hace todo lo posible por negar completamente esos sentimientos. Un ejemplo obvio, dada la naturaleza de mi trabajo con individuos que viven con padecimientos crónicos, son los clientes que se rehúsan a asumir su diagnóstico y recibir el tratamiento adecuado, o que toman sus medicamentos, pero se niegan a considerar los cambios que necesitan hacer en su estilo de vida para mantener su bienestar. Otro ejemplo de negación podría ser alguien que se rehúsa a reconocer que su pareja lo engaña, a pesar de todas las evidencias. Ah, la negación. *Si hago como que no existe, no tendré que sentirme impotente.* Pero, desde luego, la vida no funciona así.

La negación suele estar ligada con un deseo de cierre. Esto se basa en una simple lógica: *Si tú dices o haces lo que yo quiero que digas o hagas, entonces yo no tendré por qué sentir ninguna responsabilidad ni obligación alguna de admitir que no tengo el control.*

Por ejemplo, mi clienta Mina me habló de cómo su pareja, Dominic, decidió mudarse al otro lado del país, de Nueva York a Los Ángeles. Él no le pidió que lo acompañara. Ella sentía que Dominic necesitaba concentrarse en su carrera, que ésta era una oportunidad que él no podía rechazar, y que él tenía que ocupar todo su tiempo y energía en triunfar en ese empleo. Mina tenía muy claro el tipo de cierre que necesitaba. Necesitaba un "Sí, quiero que construyamos una vida juntos en Los Ángeles" o un "No, tengo que darle prioridad a mi carrera y no hay sitio en mi vida para ti".

Ahora bien, durante mucho tiempo Mina y yo habíamos estado teniendo conversaciones sobre su relación. Dominic, desde mi punto de vista, parecía tener bastantes reuniones que lo hacían llegar tarde a casa por la noche, sin mencionar la frecuente necesidad de ausentarse los fines de semana. De acuerdo con lo que Mina me

contaba, él parecía estarla evitando. Pero Mina había estado en negación total sobre los problemas en su relación. Si ella admitía los
problemas que estaban teniendo, también tendría que admitir que
esos problemas no podían tener nada que ver con el decreciente interés de Dominic por ella. Eso significaría analizar su propio papel
en los problemas de la relación, lo cual no quería tener que hacer, así
como su falta de control sobre el nivel de compromiso de Dominic.
Ella no podía lidiar con los sentimientos de impotencia mientras su
relación se iba derrumbando poco a poco.

Obtener el cierre que Mina creía que necesitaba implicaba
echarle la culpa del rompimiento a la oportunidad profesional de
Dominic, no a nada que ninguno de los dos hubiera hecho para
deteriorar la relación. Ella podía vivir con eso. Le permitiría seguir
en su negación sobre cómo su relación se estaba desmoronando y
cómo ella era incapaz de solucionarlo. El cierre que Mina quería era
uno que mantuviera alejado el miedo a la impotencia.

¿Alguna vez has sentido tanto miedo de aceptar tu impotencia,
tu completa incapacidad de cambiar una situación, que has anhela-
do que otra persona te dé el cierre que mantendría a raya esos sentimientos de impotencia? ¿Incluso si eso significa negar una dura
verdad que en el fondo de tu corazón sabes que tendrás que enfrentar algún día?

Si es así, entonces eres humano. Y la naturaleza humana es hacer cualquier cosa para evitar sentirse impotente.

¿Acaso yo no importo?

No sentirse validado puede provocar sentimientos de impotencia,
porque la invalidación es desempoderante. Tómate un momento
para pensar en todas las formas en que puedes ser validado en un
día promedio. Tu pareja te desea un buen día. Recibes un mensaje

de texto o un correo electrónico con la respuesta a una petición que hiciste. Alguien te detiene la puerta cuando entras a tu lugar de trabajo. Un amigo o un familiar te invita a una fiesta de cumpleaños. Un trabajador te agradece por tu negocio. Mientras lees estos ejemplos, es posible que tu cerebro esté pensando en mucho más.

También podrías estar pensando *Mmm... nunca habría pensado en eso como validación.* Eso es porque tendemos a dar por sentado este tipo de validaciones cotidianas. La validación a menudo ocurre a un nivel inconsciente. La damos. La recibimos. Si la notamos o no, depende de factores como qué tanto valoramos la relación, de qué humor nos encontramos o qué otra cosa traemos en la cabeza. No necesariamente nos tomamos el tiempo para preguntarnos cómo validar a otra persona, ni tampoco para considerar si hemos sido validados. Es tan sólo una parte normal de nuestra rutina diaria mientras interactuamos con el mundo. Sentirse validado, incluso si no somos conscientes de ello, nos proporciona una sensación de normalidad, además de evidencia de que el mundo es seguro y amigable.

Hasta que, desde luego, sentimos que no fuimos validados cuando teníamos que haberlo sido. Esto puede ser muy sutil. La validación nos llega en forma de palabras, expresiones faciales, lenguaje corporal y acciones de respeto o amabilidad. Como consecuencia, podemos sentirnos invalidados cuando uno o más de estos elementos no están presentes, intencionalmente o no. Tal vez un compañero de trabajo está distraído y se olvida de darte las gracias. Podrías simplemente poner los ojos en blanco y suponer que está teniendo un mal día. O podrías tratar de iniciar una conversación, o de decirle lo que piensas. Podrías tratar de atar los cabos sueltos de una forma y otra.

Pero es sobre las grandes invalidaciones, no las de todos los días, que la gente suele venir a hablar conmigo. Una gran invalidación ocurre cuando, por ejemplo, tu pareja te dice que no tiene el tiempo o la energía para escucharte hablar sobre algo que pasó en el trabajo. O cuando te dejan fuera de la lista de invitados de la fiesta de cumpleaños de tu amigo. O cuando un miembro de la familia evita tratarte como adulto y en lugar de eso se muestra condescendiente y humillante, sólo para recordarte cuál es tu lugar.

Déjame contarte sobre Robert, un hombre en sus cuarenta que es muy cercano a sus hermanos y su familia extendida. Le gusta pensar en sí mismo como parte fundamental de que la familia se mantenga en contacto. Siempre escoge el lugar de las numerosas reuniones que organizan en los periodos vacacionales, y no le importa viajar si los otros no pueden o no quieren hacerlo.

Un año, su hermana mencionó que deberían planear una reunión familiar en julio. A Robert le encantó la idea. Luego de hacer un poco de investigación, decidió que deberían juntarse en el pueblo donde vivía su abuela, pues ella tendría dificultades para viajar. Recordaba que un parque cercano tenía un bonito quiosco e hizo la reservación. Pero antes de que pudiera decirles a todos lo que estaba planeando, recibió por correo una tarjeta de parte de su hermana en la que le anunciaba la primera reunión anual familiar en el pueblo donde ella vivía, y les pedía a todos que apartaran la fecha.

Robert estaba consternado. Ni siquiera lo habían consultado con él. Se sentía invalidado por su hermana y, por extensión, por los otros miembros de la familia. ¿Acaso todo el esfuerzo que había hecho a lo largo de los años para mantenerlos conectados no valía nada para ellos?

No conozco a nadie en el planeta que en alguna ocasión no se haya sentido invalidado por otra persona —un familiar, un amigo, una pareja romántica. ¡Ciertamente, yo sí! ¿Cómo obtenemos un cierre en estos casos? ¿Y qué hay de una relación en la que a lo largo del tiempo te hayas sentido constantemente invalidado? Sospecho que, mientras lees este capítulo, estarás recordando esas ocasiones en que te sentiste invalidado, junto con los sentimientos de impotencia que a menudo acompañan a la invalidación. *¿Acaso soy invisible? ¿No soy amado? ¿No soy valorado?* Querer responder a estas preguntas nos lleva a la necesidad de un cierre.

EJERCICIO: ¿QUÉ NECESITO DE OTRAS PERSONAS?

¿Alguna vez has tenido esa molesta sensación de que no estás siendo notado, reconocido o escuchado? Si es así, podrías identificarte con mucho de lo que he escrito en este capítulo. Entonces, ¿qué te parecería ser más específico contigo?

¿Qué tipo específico de validación querrías o te gustaría recibir de las demás personas? ¿Qué alguien te abra la puerta? ¿Qué los colegas te pidan ayuda con algo en lo que eres muy bueno? ¿Recibir palabras de amabilidad y aprecio de parte de tu pareja, de un amigo, de un familiar? Siéntate contigo mismo y piensa en lo que te hace sentir validado. Escribe una lista. Pregúntate: ¿estoy esperando cosas que la gente a mi alrededor realmente puede darme? ¿Hay ocasiones en las que espero demasiado? ¿Hay ocasiones en las que no espero lo suficiente?

Piensa en lo que puedes y no puedes esperar de la gente que te rodea. Quizá tengas que acortar esa lista para que sólo quede lo que tiene un sentido racional. Y entonces, durante las próximas semanas, tómate el tiempo para validar a las otras personas de la misma forma en que te gusta ser validado. Validar a los demás tiene su recompensa. Y observa lo que recibes de vuelta.

Simplemente no tiene sentido

Nuestra necesidad innata de *saber* también puede hacernos sentir impotentes. Cuando las cosas no resultan como esperábamos, queremos respuestas. Los ciclos abiertos deben ser cerrados. Y, por lo tanto, perseguimos un cierre. Pero esa inclinación tan natural se confunde con demasiada frecuencia por la impredecibilidad esencial de los humanos. En el trabajo con mis clientes, he descubierto que incluso las personas más predecibles pueden sorprendernos, para bien y para no tan bien.

Dar un sentido a las acciones de otra persona puede ser un revés cuando buscamos un cierre. Tal vez queramos respuestas sobre la forma en que nos trataron, sobre sus acciones que nos provocaron un daño emocional, y, sin embargo, cuando intentamos encontrar un cierre, no sólo *no* encontramos esas respuestas, ¡sino que sus contestaciones nos confunden aún más! Cuando te encuentras en esta posición es demasiado fácil obsesionarte con cerrar ese ciclo. Podrías seguir buscando obstinadamente a la otra persona para tener conversaciones repetitivas, tratando de darle un sentido a todo ello. "¿Por qué lo hiciste?". "¿En qué estabas pensando?". "¿No te importó cómo me podía afectar a mí?".

Desafortunadamente, esto suele resultar en mayor confusión y frustración. También te pone en una posición de desempoderamiento, porque tienes que confiar en que la otra persona te dé una explicación. En esencia, haces que tu paz mental dependa de las acciones de otra persona. No digo que buscar un cierre sea inherentemente desempoderante. En absoluto. Pero sí digo que tratar de resolver tus propios sentimientos de impotencia por medio de depender de las acciones de otra persona puede dejarte sintiéndote aún más impotente.

Te pongo un ejemplo. Maggie y Susanah eran prácticamente inseparables. No sólo habían trabajado juntas día y noche para levantar su negocio, sino que además eran mejores amigas. Claro, habían tenido algunos problemas a lo largo del camino, pero siempre los habían sabido resolver —hasta que Susanah, a espaldas de Maggie, hizo un acuerdo comercial para crear una nueva compañía de la que

Maggie no formaría parte. Para Maggie esto fue una traición que nunca imaginó que pudiera suceder. Maggie sentía que no podría descansar hasta que comprendiera por qué Susanah había escogido comportarse de ese modo.

Buscó a Susanah algunas veces para hablar de ello. Susanah le dijo repetidamente que era una oportunidad que no podía rechazar. Cuando Maggie le preguntó: "Pero ¿qué hay de mí? ¿Qué hay de nosotras?", Susanah simplemente se encogió de hombros. Maggie no está segura de qué respuesta le podía haber dado Susanah que le ayudara a encontrarle un sentido a una acción totalmente inesperada. En lugar de encontrar paz, Maggie de hecho se sintió cada vez más frustrada, enojada e impotente. Pero no podía darse por vencida.

¿Alguna vez has intentado encontrar un cierre con alguien que no parecía ser capaz de darte una explicación razonable de por qué se había comportado de la manera que lo hizo? Como les digo a menudo a mis clientes, no siempre vamos a entender por qué alguien decidió engañarnos o mentirnos o traicionarnos de cualquier otra forma. No siempre vamos a entender por qué no obtuvimos un empleo para el que estábamos totalmente calificados o un reconocimiento que merecíamos. No siempre vamos a entender por qué alguien en quien pensamos que podemos confiar de pronto se voltea contra nosotros y se comporta de una forma que jamás habríamos esperado. No siempre vamos a entender por qué alguien no nos ama de la manera en que queremos que lo haga.

Y lo más doloroso de todo, no siempre vamos a entender por qué alguien que amamos pierde la vida. Incluso cuando la muerte tiene un sentido lógico, como cuando alguien es muy anciano, con frecuencia no tiene un sentido *emocional*. Las preguntas sin respuesta pueden dejarnos sintiéndonos impotentes.

Somos humanos. No podemos soportar no entender. Tenemos que encontrarles un sentido a las cosas. Pero la verdad dura y triste es que, mientras sigas exigiendo un sentido cuando no lo hay, tú estarás creando tu propio sufrimiento e, irónicamente, aumentando tu sensación de impotencia. De esa manera, el deseo de cierre puede convertirse en una trampa. Puede ser que te encuentres haciendo una rabieta existencial, metafóricamente tirado de espaldas, pateando y gritando, exigiendo que la vida tenga sentido, que tus preguntas sean respondidas, que consigas alejarte sintiéndote tranquilo, satisfecho, iluminado y, sobre todo, libre de dolor.

Y con cuánta frecuencia la rabieta existencial no es por querer entender los misterios de la vida, sino por querer entenderlos *en tus propios términos*, basándote en los errores de las demás personas, jamás en los tuyos. Esto no pretende sonar duro ni crítico. La rabieta existencial es una demanda de sentido en un mundo donde a menudo no hay mayor significado que el hecho de que la gente lucha por hacer las cosas lo mejor que puede y falla. A ellos les pasa, a nosotros nos pasa, y lo más probable es que a ti te pase también. Ser humano significa ser imperfecto y, en consecuencia, lastimar a los demás. Y a veces, somos incapaces de encontrarle un sentido a eso.

AUTOEVALUACIÓN: **SENTIMIENTOS DE IMPOTENCIA**

Hacerte preguntas a ti mismo es una excelente forma de adquirir conocimiento y autoconsciencia. Aquí te presento algunas preguntas que puedes hacerte para entender mejor los sentimientos de impotencia que podrías estar teniendo y cómo estos sentimientos puedan estar impactando en tu deseo de cierre. Algunas de estas preguntas pueden ser difíciles de considerar o de contemplar. No pretenden ser confrontativas ni implicar de forma alguna que careces de habilidades emocionales de afrontamiento. Pero yo soy un gran creyente de que hay que hacer las preguntas difíciles. ¡La autoconsciencia es poder! Es el primer paso para tomar decisiones en la vida que te beneficien a ti y a aquellos que te rodean

- ¿Me siento como si estuviera arrinconado o atrapado?
- ¿Sentirme mejor es lo único que me importa en este momento?
- ¿Siento que no cuento con recursos propios para hacerme sentir mejor?
- ¿Me repito con frecuencia, "Si tan sólo tal y tal cosa pasara..."?
- ¿Mi mente está todo el tiempo imaginando escenarios que son alternativas a lo que realmente está sucediendo?
- ¿Siento que otra persona tiene la clave para ayudarme a encontrar nuevamente esperanza?
- ¿Me digo que mi vida no va a mejorar si no encuentro el cierre que necesito?
- ¿Me descubro rumiando sobre lo que otra persona podría hacer o decir para hacerme sentir mejor?
- ¿Cómo puede mi búsqueda de cierre para resolver mis sentimientos de invalidación beneficiar a nuestra relación? ¿O dañarla? ¿Estoy dispuesto a asumir ese riesgo?
- ¿Cuáles son las maneras posibles en que la otra persona podría reaccionar cuando la busque para hablar sobre mis sentimientos de impotencia?
- ¿Puedo afrontar emocionalmente cualquier posible resultado? ¿Cuento con el apoyo necesario que pueda requerir para ayudarme a hacerlo?
- ¿Es posible que necesite mirar dentro de mí para resolver mis sentimientos de impotencia en lugar de buscar un cierre con esta persona?

Usar el cierre como arma

El cierre motivado por un deseo de negar los sentimientos de impotencia puede convertirse en una agenda, un plan cuidadosamente formulado para mover una situación en la dirección que te beneficie más o para hacer que otra persona haga lo que tú quieres que haga. Tratar de imponer a otras personas tu propia agenda puede ser destructivo. Puede llevarte a resultados que no esperabas, como a la pérdida de una relación o a unos sentimientos de impotencia más fuertes que aquellos con los que comenzaste. Puede incluso convertirse en un arma.

He tenido clientes en ambos lados de esta dinámica: aquellos que usaron un cierre como arma y aquellos contra quienes se usó un cierre como arma. Clientes que fueron invitados a tener una conversación sobre el pasado, sólo para que la otra persona utilizara esa conversación como una oportunidad para hacerles más daño. Clientes a los que otra persona les ha dado largas repetidamente, diciéndoles que estaba dispuesta a hablar y después negándose —la zanahoria y el palo. Cuando el cierre que buscas es utilizado como arma, contra ti o contra alguien más, eso te lleva hacia un mayor desempoderamiento.

Mi cliente Thanh, por ejemplo, fue acosado en la secundaria por un grupito de estudiantes. Uno de los principales acosadores lo contactó años después, le recordó varias cosas que había hecho para lastimarlo y le pidió perdón, cosa que Thanh le concedió. Después de eso, sin embargo, Thanh no estaba seguro de si, en el balance general, se sentía mejor de algún modo. Por un lado, recibió la disculpa que siempre había creído merecer. Por el otro, el intercambio le despertó muchos malos recuerdos, y ahora sentía una oleada de emociones difíciles.

Aunque el acosador de la secundaria aseguró que estaba arrepentido de sus acciones, Thanh tuvo que lidiar con el recuerdo de todo el coraje y el miedo que había experimentado en la secundaria, de lo incapaz que se había sentido para defenderse, y de cómo había cargado con ese daño hasta su vida adulta. Se quedó preguntándose si en esencia no había sido una nueva oportunidad para que el acosador ejerciera poder sobre él al colocarse en la posición de quien había decidido "conceder" un cierre a Thanh. ¿Se trataba simplemente de otro juego de poder? Cualesquiera que hubieran sido las verdaderas intenciones del acosador, Thanh sentía que el cierre ofrecido era más bien como un arma que había sido empleada para remover el dolor del pasado.

A continuación, el acosador de la secundaria invitó a Thanh a unirse a un grupo de Facebook de su antigua secundaria, diciendo que otros compañeros seguramente querrían estar en contacto con él. Thanh se unió y de inmediato sintió como si estuviera de vuelta en la secundaria, con el mismo grupo de estudiantes, ahora en la mediana edad. Quedaba abrumado por la reminiscencia de sus comentarios hirientes y sus excluyentes grupitos cuando ellos publicaban recuerdos entrañables de eventos que habían sido dolorosos para él.

Así que, mientras que el acosador que lo contactó pudo haber sentido un cierre, Thanh ciertamente no. Thanh tuvo que cuestionar las intenciones detrás de la disculpa que había recibido, pues esta persona no había considerado cómo podían afectarle estos recuerdos y la invitación al grupo de Facebook. El pasado fue traído al presente, y el cierre se sintió como un arma que había sido utilizada para infligirle más dolor.

Reflexión final: sentirse impotente es humano

El hombre propone, Dios dispone. ¿Has escuchado esa expresión? Resume muy bien la condición humana. Y resume el cierre que está motivado por la impotencia. Queremos controlar lo que sucede en nuestra vida. Queremos evitar los sentimientos difíciles y dolorosos. ¡Queremos saber por qué! La alternativa es sentirnos impotentes.

Pero la mayor parte de la vida está fuera de nuestro control. Por desgracia, simplemente es así. Como consecuencia, una clave para la felicidad es reconocer nuestra falta de control y aceptar la realidad. Cuando aceptamos los lugares donde no tenemos el control, quedamos en una mejor posición para reconocer los lugares donde *sí* lo tenemos y para hacer lo mejor posible con ese control.

Aceptar la impotencia significa aceptar sentimientos incómodos. Significa aceptar que gran parte de la vida está fuera de nuestro control, por más que deseáramos que no fuera así. Pero también significa que puedes dejar de pelear batallas inútiles. Y cuando lo haces, te empoderas para tomar el control donde sí puedes, para seguir adelante con tu vida.

¿Qué significa esto para el cierre? Significa aceptar dónde puedes obtener un cierre y donde no. Significa utilizar tu mente racional para buscar un cierre de una manera que sea apropiada para la situación, basándote en apreciaciones realistas de lo que es posible y lo que no. Para buscar un cierre de una manera que sea empoderante, que no te rebaje por intentar controlar a la otra persona ni por darle poder sobre tu propio bienestar emocional. Ése es un cierre saludable.

CAPÍTULO 6

Queremos perdón

Los sentimientos de dolor, enojo e impotencia suelen ser la motivación tras la búsqueda de un cierre. Con dolorosa frecuencia, también lo es el deseo de perdón. Podemos querer perdón por lo que sentimos que fueron acciones destructivas de nuestra parte, o podemos querer que otra persona reconozca el mal que nos hizo y pida nuestro perdón. Sea como sea, la búsqueda de perdón puede conducirnos a un necesario y beneficioso cierre... o puede dejarnos atrapados en un ciclo sin fin, persiguiendo un cierre que se mantiene siempre esquivo.

"Lo siento".

"Te ofrezco una disculpa".

"Por favor, perdóname".

Podrías estar de acuerdo conmigo en que éstas son algunas de las palabras más profundas del idioma español. Puede ser difícil pronunciarlas. Puede ser igualmente difícil escucharlas. Mientras las leías, ¿acudieron a tu mente recuerdos de alguna ocasión en que hayas conversado sobre el perdón, ya sea que estuvieras otorgándolo o pidiéndolo? Cuando piensas en esos recuerdos, ¿qué tipo de emociones te generan? Sospecho que toda clase de sentimientos: tristeza, enojo, amargura. Perdonar puede ser sencillo, pero también puede ser emocional y mentalmente complicado.

Es difícil decir "lo siento"

Para explorar a fondo el perdón como motivación para buscar un cierre, quiero empezar por hablar de por qué es tan difícil pedir perdón.

Los humanos tienen una necesidad básica de tener la razón. No nos gusta admitir que cometimos un error. No queremos pensar en nosotros mismos como mezquinos, incompetentes, olvidadizos o en posesión de cualquier cantidad de defectos reales o percibidos que pudieran ponernos en la posición de tener que pedirle a alguien más que nos perdone. Simplemente no nos gusta admitir que cometimos una transgresión contra alguien más. Admitir que te equivocaste también puede significar admitir que la otra persona tenía razón. Todo esto sumaría para tener que enfrentar el hecho de que no somos perfectos.

Pero ésa es la razón por la que, por difícil que parezca, pedir perdón puede ser liberador. Nos permite aceptar nuestra propia falta de perfección y nuestra humanidad. Pedir perdón puede finalmente ayudarnos a abordar las fisuras de una relación que pudieran haberse producido a partir de cualquier transgresión cometida. De hecho, pedir perdón por nuestros errores puede abrir la puerta a que la otra persona también busque el perdón de los suyos. La sanación que resulta puede beneficiar a quien busca el perdón, a quien lo otorga y a la relación entre ambos.

Entonces, ¿qué se interpone?

No subestimemos el papel que juega nuestro ego. Pedir perdón es una lección de humildad. Podríamos percibirlo como un golpe a nuestra autoestima, o podría sentirse como si nos rebajáramos para elevar a alguien más, dándole la ventaja a costa nuestra. Si tú ya estás sufriendo, puede ser que tu ego se sienta especialmente frágil, y admitir haberse equivocado puede ser difícil de digerir. Tal vez sientas que necesitas hacer cualquier cosa para proteger tu autoestima, y la idea de pedir perdón podría parecer impensable.

"¡No puedo vivir con lo que te hice!"

Por más incómodos que pueda hacernos sentir ver cómo nos humillamos y nos disculpamos, también es incómodo vivir con la culpa y la vergüenza de saber que necesitamos disculparnos, pero no lo hacemos. La culpa y la vergüenza son dos estados que los humanos tienen muchos problemas para aceptar.

Las dos palabras suelen utilizarse indistintamente, pero según mi experiencia, existe una sutil diferencia entre culpa y vergüenza. La culpa, en esencia, es cuando sabes que hiciste algo malo, o al menos imaginas o supones que tal vez lo hiciste. La vergüenza es el dolor que sientes cuando crees que hiciste algo malo, o que algo sobre tu personalidad o tu identidad está mal, ya sea que puedas identificar o no la mala conducta que cometiste. Yo pienso en la vergüenza como en la reacción emocional a la culpa, pero con frecuencia las dos se presentan juntas; somos conscientes de haber hecho algo malo, y estamos avergonzados de lo que nuestro comportamiento dice sobre quién somos. "Me siento terrible de haber hecho eso".

Sin embargo, la culpa no siempre viene acompañada de vergüenza. Podemos saber que cometimos una mala acción, pero no necesariamente pensamos que eso signifique que en el fondo somos malas personas, ya sea porque la transgresión fue relativamente pequeña ("Olvidé contestarle el mensaje de texto a mi amigo, pero ya lo haré más tarde") o porque no nos importa el daño que causamos ("Sí, soy culpable de haber mentido con mis impuestos, pero no siento ninguna vergüenza").

La culpa y la vergüenza suelen ir de la mano con uno de nuestros más grandes miedos: el miedo a ser expuestos como malas personas o a ser pillados por nuestras malas acciones. Asociamos la exposición con ser criticados, ridiculizados o hechos sentir como extraños. Cuando sentimos una gran vergüenza, también nos da miedo lo que la demás gente pueda pensar o decir de nosotros, o de cómo podrían castigarnos por lo que hicimos mal.

Así que, por supuesto, los sentimientos de culpa y vergüenza pueden ser fuertes motivadores para querer buscar un cierre. Estas emociones pueden consumir nuestra alma, obsesionarnos durante las horas de vigilia y evitar que tengamos una buena noche de descanso.

Para mayor ejemplo, te presento la historia de Isabella. Isabella sabía, aun antes de hacerlo, que hablar mal de su colega Ben en un correo electrónico dirigido a su jefe era algo deleznable. Escribió un correo de cierre de proyecto en el que presumía de sus propias contribuciones, luego añadía que estaba "feliz de haber tenido la oportunidad de sacar de apuros a Ben cuando él se metió en un lío". La verdad es que a Isabella siempre le había gustado trabajar con Ben, pero en ese momento buscaba un ascenso y estaba desesperada por ganar puntos. Así que dio un golpe bajo. En el fondo de su corazón, Isabella sabe que es culpable de haber aplicado unas feas políticas de oficina, y siente que lo que le hizo a Ben es inaceptable. Tiene mucha vergüenza por su comportamiento y se arrepiente de su correo electrónico al jefe. Quiere que Ben comprenda por qué hizo lo que hizo, y que la perdone. Lo ha buscado y le ha pedido que se reúnan, pero hasta ahora, él ha ignorado todos sus mensajes.

Isabella necesita resolver su propia culpa y vergüenza, y espera que obtener el perdón de Ben la ayude con eso. También quiere seguir teniendo una buena relación laboral con él, así que tiene que remediar el daño que sabe que le causó en sus emociones, para que puedan volver a trabajar juntos productivamente. En otras palabras, la culpa y la vergüenza están motivando a Isabella a buscar un cierre con Ben.

AUTOEVALUACIÓN: ESTABLECER EXPECTATIVAS CUANDO SE PIDE PERDÓN

El lugar donde se debe empezar cuando se busca cualquier tipo de cierre es la autoconsciencia. Si sientes que has lastimado a otra persona, hazte las siguientes preguntas:

- Exactamente, ¿qué fue lo que le hice?
- ¿Cómo creo, o sé, que la impactó?
- ¿Estoy experimentando culpa? ¿Vergüenza? ¿Ambas?
- ¿Se requiere de una disculpa directa? ¿Hay otras acciones que deba de emprender para reparar el daño?
- ¿Cuáles son las posibles formas en que esa persona podría reaccionar cuando le ofrezca una disculpa? ¿Y estoy listo para afrontar cualquiera de esas posibles respuestas?

"¿No lamentas lo que me hiciste?"

Podemos sentir culpa y vergüenza cuando sabemos que le hemos hecho mal a otra persona, pero sentimos un tipo diferente de incomodidad cuando sabemos que alguien nos ha hecho mal a nosotros.

Si el daño es menor, nuestra necesidad de una disculpa quizá sea también menor. Por ejemplo, si compras algo en línea y llega el producto equivocado, obligándote a perder tiempo con la devolución, podrías esperar una disculpa de la compañía. Ellos se disculpan; tú sientes que tuviste un cierre. Incluso si no se disculpan, tal vez no será un gran problema, siempre y cuando te devuelvan tu dinero. La gente comete errores, las compañías cometen errores. Exigir un cierre ante cualquier transgresión menor de la vida diaria sería agotador y nos robaría mucho de nuestro valioso tiempo y energía.

Pero ¿qué pasa con el daño emocional del que simplemente no nos podemos alejar? No me refiero a las molestias diarias como los errores de envío. Hablo de los acontecimientos más dañinos que (esperemos) no pasan todos los días. Como ser víctima de las manipulaciones de Isabella, lo que le pasó a Ben. O como descubrir que tu pareja te ha engañado cuando tú pensabas que podías confiar en que te sería fiel. O que un amigo te cuente que otro amigo en común ha estado diciendo cosas hirientes sobre ti a tus espaldas. En casos como éstos, una disculpa se vuelve mucho más importante. Tú querrías, e incluso esperarías, que la otra persona te pida perdón.

Cuando otra persona comete algún tipo de transgresión contra ti, real o aparente, esto genera muchos sentimientos. Tal vez te sientas triste y herido. Quizá también te sientas decepcionado, porque este comportamiento fue completamente contrario a tus expectativas de esa persona. ¿Cómo pudo haber hecho eso? Y no te olvides de la ira. ¡Cómo se atrevió! (Como lo comentamos en el capítulo 4, recuerda que si bien la ira puede ser una emoción primaria, también es posible que estés usando tu enojo para cubrir la tristeza, la decepción o cualquier otra emoción incómoda que pueda hacerte sentir incapaz de hacer otra cosa que no sea sentirte mal.)

Si otras personas saben que alguien actuó mal contra ti, podrías además tener la presión adicional de sentirte expuesto o juzgado; tal vez temas que, si no te defiendes y exiges que la otra persona te pida perdón, serás percibido como una persona débil. Volviendo al ejemplo de Isabella y Ben, si sus compañeros de trabajo están al tanto de lo que sucedió entre ellos, podrían estar aconsejando a Ben sobre qué hacer, presionándolo para que no se acobarde y le diga a Isabella que lo que hizo no está bien.

Tu autoestima también podría estar en riesgo. Quizá te preguntes si hiciste algo para merecer esa clase de trato o quizá te sientas estúpido por haber confiado en la persona que te lastimó. Tal vez, durante un conflicto pasado, alguien te dijo: "No dejes que se salga con la suya", y ahora te sientes responsable de hacer que la otra persona se disculpe, aunque, claro está, no podemos controlar las acciones de los demás. Quizá sientas dentro de ti que te deben una disculpa, que esto es lo que necesitas para sanar tus sentimientos heridos.

Cuando tengo conversaciones con mis clientes sobre el deseo de una disculpa, con frecuencia hablamos sobre cómo una persona les ha provocado una gran desilusión. Mis clientes me cuentan historias sobre gente importante en su vida que los ha decepcionado o que hizo algo que traicionó su confianza. Ellos hablan sobre no haber sido apoyados por alguien que tendría que haber intervenido para proveerles un rescate emocional, pero en lugar de eso los dejó a su suerte para que se las arreglaran solos. Hablan sobre ser atacados, usualmente de forma verbal, pero a veces también física. Los clientes en estas situaciones por lo general describen su reacción inicial como sorpresa. ¿De dónde surgió eso? ¿Por qué sucedió? Con frecuencia, la decepción es la siguiente respuesta, seguida por otros sentimientos como tristeza, coraje, incluso miedo. *Si esta persona en quien confío puede tratarme de ese modo, ¿qué me espera en un futuro? ¿Podré volver a confiar en alguien alguna vez?*

Los terapeutas suelen aconsejar a sus clientes que no tengan expectativas sobre las personas. Ciertamente, yo no pierdo tiempo para darles el minisermón sobre la incapacidad para controlar a los demás. Pero enfrentémoslo. Cuando dejamos que otras personas se nos acerquen emocionalmente, como amigos, familiares, pareja o compañeros de trabajo, desarrollamos expectativas sobre ellos. ¿Por qué no habríamos de hacerlo? Hasta cierto punto, eso es saludable. Cuando nos abrimos a la gente construimos confianza, y con la confianza vienen ciertas expectativas. Cuando yo digo esto o lo otro, espero y confío que no me responderás de una manera hiriente.

Dejamos la guardia más o menos baja, dependiendo de la naturaleza de la relación.

De muchas maneras, la experiencia de que alguien se vuelva contra ti es una pérdida. Pierdes la versión de la relación que pensabas que tenías. Y cuando sufrimos una perdida, nos afligimos. Aún más, una profunda decepción o traición puede revivir sentimientos de traiciones y decepciones pasadas, dejándote mucho más herido. Podrías experimentar una acumulación de sentimientos que te han dejado las personas que te han hecho daño en el pasado. Y la necesidad de cierre podría sentirse mucho más urgente.

Te daré un ejemplo. Diana tenía esclerosis múltiple y comenzaba a presentar los síntomas. Estaba teniendo problemas para caminar, no muchos, pero los suficientes para que su esposo Jimmy en ocasiones la tomara del brazo. Una tarde, regresaron a casa luego de una ida al supermercado. Ella estaba agotada y, cuando descendió del auto, trastabilló. Jimmy rodeó rápidamente el vehículo y la tomó del brazo.

Su vecina de al lado, Joyce, estaba por casualidad en el jardín delantero y vio aquello. Ella y Diana eran amigas, pero Diana era una persona muy discreta y aún no le había dicho a Joyce sobre su diagnóstico. Joyce se acercó corriendo de inmediato y dijo: "Diana, vi lo que sucedió. No eres la misma desde hace tiempo. Por favor, dime cómo puedo ayudarte". Diana le contó que tenía esclerosis múltiple y le pidió a Joyce que guardara el secreto, pues no quería tener que estar dando explicaciones a todo el vecindario.

Joyce se sintió profundamente triste por la noticia. Tan triste, de hecho, que se la confió a otro vecino, Brent, de quien Diana no era cercana. Joyce lo hizo jurar que guardaría el secreto, pero un par de semanas después, Brent se presentó en casa de Diana y le ofreció su apoyo. Su intención era buena. Sin embargo, Diana quedó horrorizada de que la noticia se hubiera regado. Se sintió profundamente traicionada.

"No sé si alguna vez podré confiar nuevamente en Joyce", le dijo Diana a Jimmy esa noche. "Me siento traicionada. Decepcionada de que haya hablado a mis espaldas. Me convirtió en tema de chisme. Yo merezco una amiga mejor".

"¿Y si Joyce te pidiera perdón?", preguntó Jimmy. "Tal vez te sentirías mejor".

"¿Me ha pedido perdón?", respondió Diana. "Si tiene idea de lo que hizo Brent, debe saber lo dolida que estoy".

Joyce lo sabía. Brent le había presumido lo solidario que era y cómo le había ofrecido su apoyo a Diana, a pesar de no ser tan cercanos. Joyce sintió un vuelco en el estómago cuando Brent le contó aquello. Ella sabía lo que había hecho. Conocía a Diana lo suficiente para entender lo dolida que debía sentirse. ¿Puede el perdón proporcionar algún tipo de cierre?

AUTOEVALUACIÓN: ESTABLECER EXPECTATIVAS CUANDO SE OTORGA EL PERDÓN

Si otra persona se ha disculpado o está planeando disculparse contigo, la autoconsciencia es nuevamente algo esencial. Pregúntate:

- ¿Qué daño me hizo esa persona?
- ¿Soy plenamente consciente de su nivel de implicación frente a otros factores o personas que también pudieran haber desempeñado un papel?
- ¿Qué tengo que entender antes de considerar el perdón?
- ¿Qué necesito escuchar de esa persona para que considere perdonarla? ¿Una admisión de culpa? ¿Vergüenza? ¿Responsabilidad?
- ¿Quiero perdonar a esta persona, o sólo me siento tentado a usar su petición de perdón como una oportunidad para infligirle el dolor que creo que merece?

- ¿Qué es lo mejor para mí cuando me planteo perdonarlo?
- ¿Quién más está involucrado? ¿Cuál es el impacto de otorgar mi perdón, o de negarlo, sobre las demás personas que pudieran estar involucradas?

La dinámica de poder

Quizás hayas aprendido con los años, para bien o para mal, que las interacciones humanas a menudo involucran un intercambio de poder. Tal dinámica de poder suele encontrarse en los intentos de cierre, y ciertamente más cuando el perdón está siendo dado o recibido. Una persona ofrece una disculpa o le pide a otra que la disculpe; la otra persona pide (o exige) una disculpa y decide si aceptarla o no. Una tiene el poder de dar, y una tiene el poder de recibir.

Todo esto se reduce al ego. Tú conoces al ego. Se hace presente en muchas de nuestras interacciones. Queremos proteger a nuestro ego. A veces, queremos protegerlo tanto que estamos dispuestos a arriesgarnos a perder una relación. Aun si pensamos que nuestro ego está hecho de titanio, la vida nos pone en situaciones en las que nos enfrentamos a admitir que tenemos un punto sensible, como todos los seres humanos, o a levantar un muro impenetrable y decirnos a nosotros mismos que no nos importa.

Por un lado, la necesidad de proteger el ego puede evitar que admitamos que le hicimos daño a otra persona. "Yo no hice nada malo. ¿Qué me importa si me perdonas o no?". *Mi autoestima está bajo ataque. ¡El ego debe permanecer intacto!* Por otro lado, nuestro ego puede decirnos que el comportamiento de alguien, sin importar qué tan inocente fue, se trató de algún modo de una afrenta, de una acción deliberada perpetrada por otra persona en contra nuestra. "¡Tienes que ofrecerme una disculpa! Pero ¿acaso siquiera mereces mi perdón?". *Mi autoestima está bajo ataque. ¡El ego debe permanecer intacto!*

Ofrecer una disculpa, como lo comentamos antes en este capítulo, requiere reconocer que, intencionalmente o sin intención, directa o indirectamente, hiciste algo para lastimar a otra persona, o que al menos no tuviste consideración con sus sentimientos. Esencialmente, ofrecer una disculpa requiere admitir que de alguna manera te equivocaste. Esto podría significar tener que analizarte a ti mismo, cuestionar tus propios motivos y comportamiento. Si tu autoestima se basa en satisfacer las exigencias del ego, incluyendo la necesidad de tener siempre la razón, podría sentirse un poco amenazante. Una disculpa puede ser una oportunidad de analizar a fondo lo que has construido como base de tu autoestima, permitiéndote cuestionarte si está construida en sentirte superior a los demás en lugar de en la compasión y la consideración de las necesidades de los otros junto con las tuyas. El cierre que le proporcionas a la persona que lastimaste también puede darte algún cierre en tu propia vida, en términos de tomar decisiones sobre la persona que quieres ser en el futuro. Pero primero, quizá tengas que decidir superar las exigencias del ego.

Sorprendentemente, recibir una disculpa también puede ser una amenaza para el ego, porque implica ser vulnerable a la persona que te lastimó. Para empezar, no sólo estás admitiendo que esta persona tenía el poder de hacerte daño, sino que también te estás preparando para que esta persona se niegue a admitir lo que hizo mal o su obligación de disculparse. Si eso ocurriera, tu sensación del daño recibido por esa persona podría duplicarse. Es difícil pensar en ello.

Obtener u ofrecer perdón puede proporcionarnos el cierre necesario cuando se ha hecho algún daño. Pero esto podría significar ser vulnerable, tomar el riesgo de preguntarte qué es lo que quieres, admitir que te equivocaste. Ése puede ser un hueso muy duro de roer para nosotros los humanos.

Qué esperar cuando el perdón está en juego

Al igual que con cualquier conversación que tenga el objetivo de lograr un cierre, yo animaría a un cliente que tiene la intención de aceptar o pedir perdón a ser claro consigo mismo sobre los posibles resultados de esa conversación y si es capaz de aceptar cada uno de ellos. No necesariamente le tiene que *gustar* el resultado, pero tiene que ser capaz de aceptarlo. Si bien ser conscientes de los posibles resultados no siempre nos protege de un mayor dolor emocional, sí nos ayuda a prepararnos para ese dolor extra.

El cierre ideal, cuando buscas perdón, se parece a esto: la otra persona acepta tu disculpa. Conversan sobre lo que estaba detrás del comportamiento nocivo, por qué sucedió, qué fue intencional y qué no. Deciden cómo continuar con su relación. Esto no sólo ayuda a reducir la culpa y la vergüenza que puedas estar sintiendo, sino que también es una oportunidad de aprender algo sobre ti mismo, al igual que sobre tu relación.

Éstas son algunas otras cosas que se deben considerar cuando se busca un cierre pidiendo perdón.

- Rectificar de algún modo puede fortalecer el cierre. Puedes ofrecer reparar el daño, por ejemplo, contactando a las personas entre quienes difundiste el rumor sobre la persona con quien te estás disculpando. O, dependiendo de la situación, una compensación financiera podría ser necesaria. Rectificar le muestra a la otra persona que te tomas en serio el lograr un cierre con ella.
- Una disculpa que expresa sentimientos de culpa, pero no de responsabilidad, o viceversa, puede o no resultar en perdón. Si parece como si estuvieras tratando de mitigar tu propia incomodidad sin rectificar, o si parece que te das cuenta de que cometiste una transgresión, pero no te sientes mal por ello, la

persona con quien te estás disculpando podría no estar satisfecha y, de hecho, podría sentirse aún más ofendida. De ser así, no habrás conseguido un cierre, sino que habrás profundizado la herida.

- Si la persona con quien necesitas disculparte se rehúsa a oír tu disculpa, quizá tengas que hacer más de un intento por tener esa conversación. Esto podría ser necesario para mostrarle que te tomas en serio el encontrar un cierre con ella. Sin embargo, una advertencia: emplea tu buen juicio. Sé consciente de cuando los intentos repetidos por disculparse puedan estar cruzando un límite con la otra persona. Cuando ha quedado claro que no tiene intenciones de continuar la comunicación, retírate. Lo intentaste. La otra parte no fue receptiva.
- En ausencia de una conversación, rectificar u ofrecer actos de amabilidad o servicio puede ayudar a alcanzar un cierre o al menos a abrir la posibilidad. Éste quizá no sea el cierre que esperabas, pero puede ser un paso en la dirección correcta.

Por supuesto, como eres la persona que cometió la transgresión, puedes ignorar por completo la situación y esperar que la herida que causaste sane por sí misma, que la otra persona la olvide con el tiempo y que su relación vuelva a la normalidad. Eso no está fuera del reino de lo posible. Pero ¿es lo mejor para su relación? Mi experiencia como profesional de la salud mental es que la gente no suele olvidar el daño que otras personas le han hecho. Queda archivado, aparentemente digerido, pero todavía supurante, lo que provoca un resentimiento y una falta de confianza que muy probablemente resurgirá en el futuro. ¿Vale la pena que tengas ese elefante en la habitación? Sí, ya sé que la vida real no siempre se parece a los programas moralizadores de la televisión, pero ¿por qué no hacer lo que puedas para crear y mantener relaciones construidas sobre cimientos de honestidad y compasión?

Perdón después de una muerte

Puedo decir, sin ninguna duda, que algunas de mis conversaciones más desgarradoras son con clientes que sienten que necesitan el perdón de un ser amado que ya falleció. Y para ser sincero, siempre que alguien fallece en tu vida, probablemente tendrás algunos recuerdos de ocasiones que esperas que la otra persona te haya perdonado por esas pequeñas ofensas que todos cometemos contra los demás, las rupturas en la comunicación y los exabruptos que vienen acompañados por sentimientos de dolor.

Con mucha frecuencia, clientes que están afrontando su duelo dicen cosas como "Me pregunto si sabía..." o, más duro aún, "Nunca tuve la oportunidad de...". Durante el duelo somos mucho menos propensos a fijarnos en las maneras en que la persona que falleció nos hacía daño, incluso momentáneo, y es mucho más probable que nos fijemos en lo que nosotros le hicimos a ella a lo largo de los años. "¿Sabría cuánto yo lo lamentaba?".

Y entonces, la pregunta más difícil de todas: "¿Cómo encuentro un cierre?".

Durante las angustias del duelo, nuestra visión del tiempo que pasamos con un ser querido no es de 20/20, por decir lo menos. Nuestra mente está concentrada en su muerte, llena de preguntas relacionadas con lo que se dijo y lo que no se dijo. Desesperadamente, queremos hacer que el dolor desaparezca. Saber que todo lo que hicimos fue lo correcto ayudaría a disminuir el dolor. Y si no todo lo que hicimos fue lo correcto, queremos asegurarnos de que la otra persona nos haya perdonado. En particular, si nunca nos acercamos a pedirle perdón o ni siquiera consideramos la necesidad de hacerlo hasta que fue demasiado tarde.

Esa necesidad humana básica: saber. Después de la muerte, nuestra mente no puede comprender del todo aquello que no puede saberse. ¿Cómo podemos entonces aceptar el dolor?

He tenido clientes que decidieron cortar el contacto con un padre anciano para "darle una lección", sólo para perder a ese padre antes de haber tenido la oportunidad de explicarle por qué se distanciaron o, con demasiada frecuencia, de pedirle perdón. He tenido clientes que discutieron con un amigo y le dijeron cosas muy ofensivas, y poco después lo perdieron en un accidente. He tenido clientes que, mientras la hacían de cuidadores de algún miembro de la familia, ocasionalmente llegaban al límite de su paciencia y explotaban de agotamiento físico y emocional, y ahora sienten que no pueden vivir con el recuerdo de su comportamiento y de cómo su ser querido reaccionó (o de cómo no reaccionó). Todos ellos han acudido a mí para que les ayude a ordenar sus emociones fragmentadas. Su implacable dolor. Suplicando perdón, absolución y algún tipo de cierre.

No podemos obtener el perdón de alguien que ha fallecido. Encontrar de repente una carta que nos dejó otorgándonos un cierre sólo pasa en las películas. No podemos pedirle perdón, ya no. Es demasiado tarde. Sin embargo, yo animo a mis clientes a enfocarse en el panorama general de su relación, cuando están listos para hacerlo. Esto les ayuda a permitirse ser humanos, a aceptar que hicieron lo mejor que pudieron con el conocimiento y los recursos que tenían en ese tiempo. A enfocarse no en lo que no hicieron y en aquello de lo que se arrepienten, sino en las veces que trataron de estar allí para su ser amado, cuando trataron de apoyarlo de la forma que sabían hacerlo. En la dinámica de cualquier relación hay peleas y palabras ofensivas, pero también hay momentos de felicidad y conexión.

En ocasiones tengo éxito en ayudar a mis clientes a tener una visión equilibrada del tiempo que pasaron con la persona que perdieron, a entender los altibajos de las relaciones humanas, a aceptar el panorama general y sus propias virtudes y defectos de humano, al igual que los de la persona que perdieron. A veces no tengo tanto éxito y sólo son capaces de ver sus transgresiones contra esa persona.

¿Y adivina qué? A veces resulta que de eso se trataba principalmente toda su relación, y ellos se quedan con su culpa y su vergüenza, gritándole a Dios o al universo lo injusto de la vida, y suplicando por tener otra oportunidad de cerrar.

El cierre no consiste sólo en tener conversaciones sinceras, lo cual es muy importante considerar cuando alguien ha fallecido. El cierre también puede consistir en elegir ser mejor. En vivir como a la persona que falleció le hubiera gustado que viviéramos. Encarnando los valores que le hubiera gustado que encarnáramos. Haciendo actos de bondad en su nombre.

A veces tenemos que ser creativos sobre cómo encontrar un cierre. Buscar dentro de tu corazón formas de lograr un cierre puede ser un paso importante hacia tu sanación.

EJERCICIO: PERDONAR Y SER PERDONADO

El perdón a menudo se presenta en forma de palabras escritas: una carta, un mensaje de texto, un correo electrónico. Busca en tu pasado. Identifica a una persona que te haya lastimado de algún modo, de niño o de adulto, y escribe la carta que te gustaría recibir de ella pidiéndote perdón. Después identifica a una persona a quien hayas hecho daño y escríbele una carta disculpándote. La intención de estas cartas no es que se compartan; son sólo para ti. Luego de que las hayas escrito, disfruta la satisfacción que produce perdonar y ser perdonado. Poner tus pensamientos en papel (o en una pantalla) puede ser profundamente satisfactorio. Y considera: esto puede ayudarte mucho a obtener el cierre que verdaderamente necesitas, incluso sin la participación de las otras personas involucradas.

Reflexión final: aún vale la pena considerarlo

Pobres humanos. Ahí andamos, rebotando unos contra otros como una bola de acero en una máquina de *pinball*. A veces actuamos según nuestros mejores instintos y creamos conexiones, buena voluntad, beneficio mutuo, cariño. A veces no, y producimos daño a quien haya tenido la suerte de estar allí en ese momento, con frecuencia aquellos a quienes amamos más. Ciertamente, podemos ser crueles con los demás. Y entonces acabamos recogiendo los pedazos de nuestro propio corazón atormentado, el daño que provocamos, el daño que sufrimos. Necesitamos pedir perdón, pero nuestro orgullo se interpone en el camino. Necesitamos perdonar, pero nuestro orgullo se interpone en el camino.

A veces el potencial de los seres humanos para perdonar y aceptar el perdón se hace realidad. Se da el cierre. Se puede sentir como un milagro. Y en parte lo es. El cierre a través del perdón no siempre es posible por todo tipo de razones. Pero aún vale la pena considerarlo. Tal vez incluso intentarlo.

CAPÍTULO 7

Es parte de un ciclo

A menudo, cuando pensamos en el cierre, lo primero que se nos viene a la mente es un evento de una sola ocasión. Algo pasó que nos dejó queriendo una resolución, haya sido tan pequeño como que se nos cerraran en el tráfico o tan grande como perder a un ser amado. Éstos son el tipo de eventos en los que nos enfocamos principalmente en los cuatro capítulos anteriores sobre querer un cierre porque estamos sufriendo, estamos enojados, nos sentimos impotentes o necesitamos un perdón. Pero quizá la razón más común para querer un cierre sea como parte de un ciclo que se reproduce una y otra vez en nuestra vida diaria.

Los seres humanos tenemos una tendencia a caer en patrones comportamentales. Parecemos estar programados de ese modo. Lo hacemos con nosotros mismos y también con los demás. Estos patrones pueden proporcionarnos una sensación de seguridad y confianza porque nos permiten saber lo que podemos esperar de cada quien. Pero también pueden ser destructivos, porque demasiados patrones giran alrededor de hacer daño a los demás, para después obtener algún tipo de cierre para atar todos esos cabos sueltos y sanar el dolor... sólo para caer de nuevo en otra repetición del mismo ciclo.

¿Te suena familiar? Si es así, déjame comenzar por tranquilizarte: lo cierto es que no eres el único.

Un tanto paradójicamente, insistir en un cierre puede tratarse sólo de *no* obtener un cierre. Me explico. Si no consigues el cierre que querías o que pensabas que necesitabas, podrías estar tentado a intentarlo otra vez. Si sientes que la otra persona tuvo su cierre, pero tú no, podrías estar tentado a intentarlo otra vez. Esto tiene sentido, pero también es potencialmente una trampa. No sólo significa que una determinada situación podría no resolverse nunca, sino también que la gente involucrada nunca aceptará una falta de cierre ni seguirá adelante con su vida. Uno de ellos, o los dos, seguirá haciendo intentos por cerrar, con niveles variables de éxito. La relación se balancea entre ser relativamente felices y estables, y ser relativamente infelices e inestables, dependiendo de dónde estén en el ciclo. *"And the beat goes on"* [y el ritmo sigue], como dice la canción ya clásica de Sonny y Cher.

Este ciclo suele presentarse en las relaciones codependientes, en las cuales una persona es cuidadora y la otra receptora. El cuidador puede buscar un cierre, esperando que la otra persona finalmente admita cuánto se ha hecho por ella, cuánto ama, necesita y aprecia a su eternamente generoso cuidador. *¿Cuándo vas a admitir finalmente lo mucho que me necesitas? ¿O cuándo vas a liberarme, para que pueda buscarme una vida?* Pero el desequilibrio continúa, y la persona cuidadora sigue queriendo un cierre.

Este patrón también puede ocurrir en una relación que es simplemente tóxica. Piensa, por ejemplo, en dos personas que se tratan de una forma horrible, sabiendo ambas en lo más profundo de su corazón que estarían mucho mejor en una relación más sana o incluso solas, pero que no son capaces de romper las ataduras y seguir adelante. Vuelven a tener esa conversación de cierre, una vez más. Acuerdan separarse, una vez más —hasta que, pocos días después, encuentran otra razón para volver a estar juntos, una vez más. Me recuerda a otra canción clásica: "Break Up to Make Up" [romper para reconciliarse] de los Stylistics. Cuando una relación tóxica involucra abuso verbal o físico, es especialmente trágico ver a dos personas atrapadas en un ciclo de dolor que ambos saben que debe terminar.

Pero las dinámicas enfermizas como la codependencia, la toxicidad y el abuso no son las únicas causas de este ciclo. La mayoría de nosotros caemos en este patrón en alguna ocasión. Puede pasar en una relación romántica, en el lugar de trabajo, con miembros de la familia, y en cualquier lado, como exploraremos en este capítulo.

Atrapados en una relación de amor-odio

Las relaciones románticas son sencillas sólo en nuestros sueños. En la vida real, son complicadas. A veces son tan complicadas que tenemos que preguntarnos por qué seguimos allí —esto es, si somos lo suficientemente honestos para contestar la pregunta. ¿Alguna vez has estado en una relación que parecía tener mucho potencial, pero nunca pudieron alcanzarlo del todo? En lugar de eso, tuvieron momentos de conectividad alternados con momentos en los que parecían estar en planetas distintos (y tal vez, incluso abusando directamente uno del otro).

Pero seguías allí. Hablaban las cosas, se hacían promesas, tenían un cierre y estaban listos para continuar. Pero volvían a caer en viejos patrones. O decidían que el único cierre posible era terminar la relación. Y así lo hacían. Pero entonces encontraban la manera de volver a estar juntos.

Las relaciones pueden ser adictivas. Nos volvemos adictos al subidón de endorfinas por estar cerca de la otra persona, sobre todo cuando una relación está en sus primeras etapas, pero también nos volvemos adictos a la oleada de cólera justificada durante las discusiones. Nos enganchamos en sentirnos tristes y atraer compasión por el sufrimiento que padecemos. Un cierre es excitante en sí mismo, y también a eso podemos volvernos adictos.

Éste es un patrón relacional muy común entre los clientes con los que trato en mi trabajo. He visto que esta dinámica suele ocurrir cuando estás en etapas tempranas del juego de las relaciones, todavía aprendiendo lo que quieres y no quieres en una relación, todavía decidiendo lo que estás y no estás dispuesto a tolerar en una pareja. Pero también he tenido clientes que han pasado muchos años en una relación tras otras repitiendo este mismo patrón, utilizando un deseo de cierre como la razón para evitar terminar una relación, haciendo que ambos queden atrapados en un ciclo interminable de infelicidad. Y lo más trágico es que he visto a parejas continuar con este patrón por años.

Como Nick y Emma. Nick y Emma han estado juntos por años. De vez en cuando han hablado de casarse, pero nunca han avanzado con eso. ¿Por qué? Porque para ellos, "juntos" está vagamente definido. Por supuesto, cumplen con todas las señales externas de una relación sólida. Sus padres se conocen mutuamente, sus amigos se conocen mutuamente, incluso sus compañeros de trabajo se conocen mutuamente. Tienen un gran apartamento y disfrutan de invitar a sus amigos a comer. Entonces, ¿qué hay de malo con su situación? Bueno, mucho.

Nick y Emma han tenido muchos altibajos a lo largo de los años, periodos de no hablarse seguidos de periodos en los que vuelven a estar en compañía del otro. ¿Y por qué, te estarás preguntando? Simplemente no parecen ser capaces de llevarse bien por mucho tiempo entre sus rompimientos. No se ponen de acuerdo sobre cosas simples como quién hace qué tareas de la casa. Después de vivir juntos por algunos años, aún no tienen un ritmo establecido que haga funcionar su hogar. Discuten sobre cómo gastan el dinero, últimamente en público, mientras hacen las compras —algo que no es muy inusual. No se ponen de acuerdo en las vacaciones, en política... menciona un tema cualquiera, y quizás en eso también estarán en desacuerdo. Los dos suelen bromear con sus amigos más cercanos, cuando el otro no está presente, sobre cómo no pueden vivir el uno con el otro y tampoco el uno sin el otro.

Entonces, ¿qué sucede que los hace seguir juntos? Adivinaste. El ciclo de buscar un cierre. Se sientan a hablar y ponen las cartas sobre la mesa, a veces con palabras agresivas y acusaciones. Se prometen mutuamente mejorar. Reafirman su deseo de seguir juntos, quizá con un maravilloso sexo de reconciliación para sellar el trato. O, alternativamente, concuerdan en que es momento de terminar. Se recluyen en áreas separadas del apartamento y ambos comienzan a buscar otra vivienda. Pero nunca llegan a desconectarse del todo. Tarde o temprano, se besan y se reconcilian —y comienzan a hacerse miserables de nuevo.

Todo parece estar bien por un par de semanas. No queda claro si el ciclo comienza o termina con el cierre, pero lo que sí podemos asegurar es que, sea lo que sea que hayan acordado, o que hayan acordado estar ambos en desacuerdo, pronto se vuelve motivo para otra discusión.

Si has estado en una relación similar, quizá te sentirás identificado. Puede que incluso te hayas estremecido un par de veces mientras leías su historia. La verdad del asunto es que, por más que digan lo contrario, Nick y Emma no están en una relación compatible. De hecho, su relación tal vez califica como tóxica. Ellos parecen existir para hacer infeliz al otro. Se juntan temporalmente para cerrar, pero eso sólo sirve para perpetuar otro ciclo de infelicidad. Si buscaran un cierre de una manera productiva, podría ser un medio para dejarse mutuamente libres para seguir con su vida, o para crear las bases para cerrar la puerta al pasado y abrirla hacia una nueva versión, más funcional, de su relación. Pero para Nick y Emma, el cierre es la forma de encontrar excusas para seguir en esa unión infeliz.

EJERCICIO: **CREA UNA LÍNEA DE TIEMPO**

Piensa en la relación en la que te encuentras actualmente o en una de tu pasado reciente. Toma una hoja de papel y crea una línea de tiempo señalando los puntos altos y los puntos bajos de esa relación. ¿Cuáles fueron los acontecimientos más importantes? ¿Qué emociones experimentaste? ¿Hay tendencias al alza? ¿Tendencias a la baja? ¿Qué provocó los altibajos? ¿En qué puntos de tu relación buscaste un cierre? ¿Por qué razón? ¿Y cuál fue el resultado? ¿Lograste el cierre? ¿Qué pasó a continuación?

Éste puede ser un proceso doloroso. Tal vez te sientas expuesto ante ti mismo. Pero es una muy buena manera de que identifiques lo que ha funcionado en tu relación y lo te ha provocado dolor. Podrías aprender algo sobre tu persona en el proceso, incluyendo lo que quieres trabajar en ti o lo que quieres evitar en tu próxima relación.

Atrapado en un empleo de amor-odio

¿Alguna vez has tenido un empleo en el que, en el fondo de tu corazón, nunca supiste bien a bien qué era lo que te mantenía allí? ¿En el que tenías todas las razones para quedarte, pero también parecías tener todas las razones para renunciar? Quizás hablaste con tu jefe y le expresaste tu frustración. Se hicieron algunas promesas. Te quedaste, esperando lo mejor. Pero las promesas no se mantuvieron. Tal vez hasta tuviste esa conversación final luego de que te hicieron una oferta en otro lado. Le dijiste a tu jefe que estabas harto de todo. Pero te convencieron de quedarte, ofreciéndote un poco más de dinero y prometiéndote que las cosas mejorarían. Te quedaste porque *sabías* que las cosas iban a mejorar ahora que ellos sabían que tú *podías* irte si no cumplían sus promesas. Y aun así, no lo hicieron.

Stewart llevaba tres años trabajando en una agencia boutique de publicidad. Era propiedad de Lori, quien contrató a Stewart durante el primer año de operaciones. Stewart suele describir su empleo a sus amigos como un "campo de entrenamiento emocional". Entre los difíciles y a veces abusivos clientes; el salario, más bajo que el que hubiera podido recibir en otra agencia, y las largas jornadas de trabajo, había días y semanas en que no estaba seguro de cuánto tiempo más podría soportarlo. Pero continuaba. Bromeaba diciendo que, aunque le gustaba trabajar en una agencia supuestamente famosa, desearía que toda esa fama le sirviera para pagar el alquiler.

¿Qué lo mantenía allí? Lori le prometió un gran bono a fin de año. Y un aumento. Pero cuando el fin de año llegó, ella le explicó que después de todo ese bono no iba a ser posible. Sí le dio un aumento, pero menor que el que Stewart esperaba. Él le dijo que se sentía usado y que comenzaría a buscar otro empleo. Lori le expresó lo valioso que era para la compañía y lo triste que sería verlo partir, pero no intentó convencerlo de quedarse.

Luego de esta conversación, Stewart sintió como si hubiera tenido algún cierre. Después de todo, había desahogado su frustración, cosa que necesitaba hacer desde hacía mucho tiempo, y había recibido reconocimiento por su valía en la agencia. Se sentía listo para encontrar un nuevo empleo. Por fin. Gran suspiro de alivio.

Un par de días después, sin embargo, Lori le pidió a Stewart que se reunieran. Trató de disuadirlo de que se fuera. Le prometió que a finales del año siguiente sería, según sus palabras, "recompensado": recibiría dos veces la compensación que se le había prometido. Un bono doble y un aumento mayor, para subsanar lo que no había recibido este año.

Una vez más, se llegó el fin de año. Lori le dio a Stewart el bono que le había prometido el año anterior, pero no el adicional de este año. También recibió un aumento por el equivalente a la inflación, pero nada más. Lori le informó que, debido a un par de cuentas que habían perdido, aquello era lo mejor que le podía ofrecer. Pero le prometió que recibiría el bono de este año y otro más al terminar el año siguiente. Lori volvió a decir que tenía todas las intenciones de "recompensar a Stewart". Él sólo tenía que ser paciente un año más. Stewart expresó su frustración y estuvo a punto de llamarla mentirosa.

Quizás éste *era realmente el cierre que necesitaba,* se dijo más tarde. *Esta vez estoy* verdaderamente *listo para irme.* Pero no pudo darse el valor de renunciar. Quería probarse a sí mismo y a Lori que podía ser exitoso en esa compañía. Pensó en lo que supondría ese bono doble, en cómo la compañía tenía que cumplir sus promesas y tratarlo con el respeto que merecía como el empleado dedicado que era. Decidió que aquél era el cierre que realmente necesitaba: no más palabras, sino un cheque gordo. Así que se quedó.

¿Qué está sucediendo aquí? Lori y Stewart están atrapados en un ciclo. Stewart amenaza con irse, Lori dice que entiende el porqué. Lori promete compensarlo por todo su duro trabajo, y Stewart quiere creerle y lograr el final feliz que cree que merece. Stewart no puede terminar de cerrar la puerta tras él, y Lori no puede encontrar una manera de mantenerla abierta. Se necesitan mutuamente para representar este drama.

En el lugar de trabajo, a menudo equiparamos dinero con amor. Cuando nuestro empleo nos retiene por dinero, el resultado son sentimientos que tienen que ver menos con el dinero en sí que con nuestro valor como seres humanos. Fuera de las necesidades básicas de pagar nuestras facturas, eso es lo que nos mantiene atrapados en ciclos de frustración, explotación o incluso abuso, como el que Stewart experimentó (y sí, en el caso de Stewart, sospecho que también hay una historia que viene de su infancia). Y ésa es la razón de que el cierre se sienta tan necesario.

A menudo tengo conversaciones con clientes que están al límite de su paciencia en sus empleos, por razones similares a las de Stewart. Pero cuando un jefe como Lori les pone más dólares enfrente, ellos muerden el anzuelo. Se quedan para lo que creen que será el cierre definitivo: el dinero, el ascenso, el reconocimiento que se les debe. Validación. Vindicación. Y así se embarcan en el *round* dos de la búsqueda de cierre. O en el *round* tres, o en el cuatro. Es difícil partir cuando te sientes torturado por asuntos que siempre parecen quedar inconclusos. Nos dejamos engañar, esperando el cierre definitivo que por fin nos permitirá, como dijo Lori tan persuasivamente, ser "recompensados".

Es importante, me parece, recordar que las relaciones de trabajo pueden presionar nuestro botón del amor, por decirlo de algún modo. Quizá no abordemos estas relaciones de la misma manera ni por las mismas razones que lo haríamos con amigos, pareja o familiares, pero en tanto que seres humanos, tampoco solemos tratarlas como "sólo negocios". Aunque las relaciones laborales no sean particularmente intensas en sí, pueden ser un poderoso recordatorio de otras relaciones; si siempre luchamos por ganarnos la aprobación de nuestros padres, por ejemplo, también podríamos subconscientemente luchar por ganarnos la aprobación de nuestros jefes. Como resultado, la necesidad de cierre se intensifica y somos más propensos a quedarnos en una situación insatisfactoria o tóxica, esperando al fin obtener el cierre que sentimos que merecemos.

No puedo dejar de bailar esa danza familiar

No puedo hablar del cierre, que es en esencia una excusa para no dejar ir, sin hablar de las familias. Puede que en este punto ya te sientas incómodo, y ni siquiera he comenzado. Todas las familias tienen su disfuncionalidad, al menos todas las familias con las que he entrado en contacto. Así que déjame asegurarte nuevamente que, si tienes algunos comportamientos disfuncionales en tu familia, no sólo no eres el único, sino que eres normal.

Cuando discuto la disfunción familiar con mis clientes, empleo el término *danza familiar*. Alguien enciende la música metafórica, pone la canción favorita, y todos se levantan y bailan la danza familiar. Ejemplos de danzas familiares son una tensión constante entre un padre y un hijo, la competencia entre hermanos, o un padre que por un lado es demandante y por el otro es abusivo. Las danzas familiares son especialmente obvias durante las reuniones en época de vacaciones, pero lo más probable es que se ejecuten a lo largo de todo el año.

¿Y el cierre? El cierre en estas situaciones se presenta de muchas formas. Un gran rompimiento familiar. Una conversación en la que se ventilan muchos agravios, seguida de promesas que pueden cumplirse o no. Periodos sin hablarse, maratones de rencor, seguidos de una reconciliación gradual.

El cierre forma parte de la danza familiar. El cierre es parte del drama, una puerta que se cierra y pronto vuelve a abrirse. La música sigue sonando. Todos siguen bailando.

Eva siempre ha tenido una relación muy difícil con Marta, su madre, tensión que Marta nunca ha tenido con José, el hermano de Eva. Eva suele decirle de broma a José que ella nunca debió haber nacido, o al menos no nacido mujer. También es sabido que Marta ha bromeado con José diciéndole que los chicos son más fáciles de criar que las chicas. Marta nunca parece estar satisfecha con nada de lo que hace Eva. Cuestiona su peinado, su forma de vestir, su trabajo, los hombres con los que sale. Marta ha sido crítica de Eva desde que Eva tiene memoria, y Eva ya está comenzando los treinta. El padre de Eva y José parece saber cómo mantenerse al margen de esta tensión entre su esposa y su hija, pero José no ha encontrado la manera de hacerlo.

La tensión entre Eva y Marta hierve durante meses hasta que se desparrama. No se requiere de gran cosa para que eso suceda. Otro comentario afilado de Marta, un desaire evidente de Eva, y la pelea arranca. Una discusión, después la ley del hielo. Cuando dejan de hablarse es cuando integran al juego a José, y el triángulo resucita. Marta lo llama para quejarse de lo que Eva hizo para herir sus sentimientos, o de alguna decisión que Eva ha tomado y con la cual ella no está de acuerdo. Poco después, Eva lo llama para quejarse de lo que su madre hizo esta vez para hacerla sentir mal respecto de sí misma.

¿Y cómo responde José? La hace de pacificador. Tranquiliza los sentimientos de su madre, luego tranquiliza los sentimientos de su hermana. Le comparte a Eva su perspectiva sobre qué fue lo que le molestó a su madre y después hace lo mismo con Marta. Las anima a juntarse, por lo general aconsejándoles que actúen como si nada hubiera ocurrido. Incluso puede ser que las invite a su casa para hacerla de mediador en persona.

Marta y Eva se la pasan bien juntas y deciden intentar llevarse mejor. Después de todo, ¿acaso no son madre e hija? Ambas coinciden en que ven la perspectiva de la otra. Cierre. José queda emocionalmente exhausto, pero feliz de que hayan hecho una tregua. Hasta la siguiente vez.

¿Te suena conocido? Cada familia que he conocido tiene una danza familiar. En la superficie puede parecer saludable, y no todas las danzas familiares tienen que ver con disfuncionalidad. Las danzas familiares incluyen hacer equipo para darle mucho apoyo a un hermano que sufre de baja autoestima; una forma de bromear que es casi como un lenguaje secreto que comparten todos los miembros de la familia, o una competencia sana entre hermanos que contribuye a motivarlos a todos a que se superen.

Sin embargo, las danzas familiares también pueden servir únicamente para perpetuar la disfuncionalidad. ¿Has experimentado eso en tu familia? Y de ser así, ¿también has observado que la danza familiar incluye intentos repetidos de tener un cierre que proporcione un alivio temporal, pero también abra la puerta al siguiente ciclo?

Algunos de los mejores y de los peores ejemplos de este ciclo que he experimentado en mi trabajo son las danzas familiares que impiden que el miembro de la familia con una adicción o una enfermedad mental consiga la ayuda que necesita. Esto tiende a suceder porque los demás miembros de la familia subconscientemente necesitan que la persona adicta o mentalmente enferma sea el foco de sus frustraciones, la razón de los problemas de la familia y una excusa para no ver sus propios problemas. A espaldas de esta persona, los miembros de la familia pueden lamentarse sobre lo preocupados que están, criticarla por ser débil y quejarse de toda la energía y atención que requiere. El cierre viene en forma de ingresos a rehabilitación o de promesas de someterse a los regímenes de medicación y terapia, seguidas de una ronda de abrazos y lágrimas. Pero éste es sólo un cierre temporal. Los demás miembros de la familia permiten que el miembro con la adicción o la enfermedad mental vuelva a derrumbarse, porque necesitan que él sea el perdedor.

Y la danza continúa. Esto, por supuesto, hasta que alguien se rehúsa a bailar.

Lo malo conocido

Quizás has escuchado la expresión *más vale malo por conocido que bueno por conocer*. Los humanos estamos programados para ser consistentes. No nos gusta el cambio; ni siquiera los cambios positivos que escogemos activamente, como un nuevo empleo o un nuevo hogar; los cambios nos provocan que sintamos estrés. Nos disgusta tanto el cambio que fácilmente podemos permitirnos quedar atrapados en nuestra zona conocida, aun cuando esa zona conocida es desagradable o francamente destructiva. Quedarse con lo malo conocido es una forma de evitar la incertidumbre que acompaña el cambio. Incluso cuando estamos en una situación desfavorable que nos hace sentir profundamente infelices, podemos convencernos de quedarnos allí, porque al menos ya sabemos qué esperar. No hay incertidumbre cuando sabemos que cada día será tan doloroso como el anterior. La situación de un trabajo tóxico que al menos es predecible. La mala relación de pareja que asusta menos que volver a salir al mundo del ligue. Las danzas familiares que soportamos porque, después de todo, eso es lo que hacen las familias.

Buscar un cierre puede llevarnos a la libertad. Pero también puede ser usado para engañarnos pensando que la situación va a tener un final feliz, que finalmente todos estamos tomando las medidas necesarias para mejorar una situación tóxica, o para extraer de la otra persona las promesas que harán que todo mejore. En estos casos, el cierre no cumple con su función, porque en el fondo no queremos que lo haga. No estamos listos. Tenemos miedo a la incertidumbre —o al vacío— que nos podría quedar cuando el dolor desaparezca.

Y reconciliarse es tan divertido y tan profundamente satisfactorio. Por un rato.

Particularmente en las relaciones amorosas entre dos personas que se hacen infelices la una a la otra, pero que no parecen poder reparar su relación o terminarla, la búsqueda de un cierre puede tomar varias rutas, pero todas terminan en el mismo lugar: la siguiente ronda de discusiones sobre un cierre. Estas discusiones suelen ser muy emocionales, llenas de gritos y llanto. Toda esa emoción es en parte el pegamento que mantiene unida a la pareja. Muchas emociones, muchas promesas. Pero muy probablemente no con mucha acción o cambio.

¿Por qué? Porque en lo más hondo de su corazón, ninguno de los dos quiere el cambio. Si has estado en una relación como ésa, sabes a lo que me refiero. La manera en la que se tratan está tan arraigada, es tan familiar que pronto te descubres resbalando de nuevo hacia el viejo patrón ya conocido. Claro, con el tiempo te hartarás y buscarás un cierre. Y lo tendrás —ese cierre que es tan parte del tejido de tu relación como lo es la infelicidad que inevitablemente le seguirá.

El mito de la perfecta equidad en las relaciones

"Sentémonos a platicar sobre lo que yo doy y lo que tú das, lo que yo debería recibir y lo que tú deberías recibir. Si finalmente logramos emparejar el terreno de juego, entonces podré descansar. Tendré mi cierre". Este sentimiento puede ser, con demasiada frecuencia, el inicio de una serie de conversaciones sobre el cierre. ¿Por qué una serie? Porque si el centro de tu relación es asegurarse de que tú y tu pareja están contribuyendo exactamente con lo mismo en todo momento a la relación, vas a tener muchas de esas conversaciones. Una y otra vez.

Esos sentimientos de inequidad comienzan pronto. Si creciste con hermanos, quizá tengas recuerdos de haber tenido que compartir, ya fueran las tareas domésticas o el último pastelillo, o de ver a quién le tocaba ir en el asiento delantero de camino al supermercado. Quizá también hayas tenido que compartir la atención de tus padres o tus cuidadores, y es posible que algunas veces —o con mucha frecuencia— hayas sentido que no recibías de parte de ellos tanta atención como la que recibían tus hermanos. ("Mamá siempre te quiso más".) Cuando los niños sienten que no reciben lo mismo que sus hermanos, se trate de una atención desigual a sus necesidades físicas o emocionales o de una excesiva crítica o castigo, esto puede llevar a sentimientos muy primarios de privación. En el otro extremo del espectro, los niños que crecen sin hermanos pueden tener expectativas poco realistas sobre lo que deberían recibir o confusión sobre lo que significa compartir, porque ellos normalmente no tienen que compartir con nadie.

En la escuela, lo más probable es que se intensifiquen los sentimientos de injusticia e inequidad, sin importar las experiencias vividas en casa. Una maestra puede parecer más consentidora con unos niños que con otros. No todos son escogidos para estar en los equipos deportivos o en la obra escolar, incluso si aquellos que no fueron escogidos sienten que son tan talentosos o que se esforzaron tanto como aquellos que sí. En el sistema educativo nos movemos de una situación inequitativa a otra. A veces ganamos, a veces perdemos. Quizá la mayor parte del tiempo perdemos. "No es justo". "Ellos recibieron más que yo". Esa dolorosa sensación de cabos sueltos puede repercutir en la autoestima y la confianza en uno mismo.

Y puede resurgir en nuestras relaciones románticas como adultos. Cuando hablo con parejas, invariablemente surge el tema de la inequidad. ¿Quién está aportando más dinero, y a qué sienten que eso le da derecho? ¿Quién está haciendo más tareas domésticas, y qué llevó a esta división de labores? ¿Quién se está responsabilizando más por los niños? Éstas son sólo algunas de las áreas en las que las parejas comúnmente sienten que su relación está desequilibrada de alguna manera. "¿Cuándo vas a entender que soy yo quien hace todo el trabajo y vas a empezar a hacer tu parte? Yo estoy invirtiendo en la relación, ¿y qué recibo a cambio?".

Desafortunadamente, los sentimientos de inequidad en una relación pueden llevarla a su fin si no son atendidos. Alcanzar un cierre en una situación como ésta proporciona idealmente satisfacción emocional; no necesariamente una completa satisfacción emocional, pero al menos un poco. En el caso de la desigualdad, esta satisfacción puede ir desde el reconocimiento de que uno de los dos ha sido tratado injustamente hasta algún tipo de reparación, con un plan para seguir adelante. Este proceso puede ser complicado, y requiere que ambos individuos bajen sus defensas y se escuchen uno al otro, y que estén dispuestos a aceptar su parte de responsabilidad y a cambiar su comportamiento. Sin ese nivel de apertura, el cierre es sólo temporal y deja la puerta abierta a más conflictos alrededor de la inequidad y a más intentos de buscar más cierres temporales.

Por otro lado, insistir en la exacta igualdad de las contribuciones en una relación amorosa puede ser igual de mortal para la relación. ¿Por qué? Porque es parte de la naturaleza humana comenzar a sentir resentimiento cuando crees que das más de lo que recibes. El resentimiento puede llevar a uno de los miembros de la pareja a dificultarle las cosas al otro, negándose pasivo-agresivamente a ayudar en las tareas domésticas y esperando a que todo se vuelva un desorden para que su pareja finalmente se dé cuenta de lo que no está haciendo y eche una mano. Puede significar negarse a hacer planes sociales por creer que el otro miembro de la pareja no hace nada y deja que su pareja sea el director social. Dificultar las cosas también puede llevar a rechazar la intimidad.

¿Qué está pasando aquí? Un miembro de la pareja ha decidido llevar el marcador. Y ha decidido que ha acumulado muchos puntos. Siente que, puesto que está contribuyendo mucho más que su pareja, es el "ganador" de la relación. ¿Y acaso el ganador no debería ser recompensado de algún modo? ¿Cuál es el premio? Y en la ausencia de premio, ¿debería el otro miembro de la pareja ser castigado de algún modo? Otra vez, esto lleva a la posibilidad de más comportamiento dificultoso.

Quiero aclarar que no es mi intención minimizar lo que supone transitar por el difícil proceso de determinar lo que es equitativo en una relación, ya sea de pareja, de amigos, de familiares o de miembros de una organización o comunidad. Éste puede ser un proceso muy complicado que, desde luego, implica mucho más que la intervención de un terapeuta (aunque debo decir que los profesionales de la salud mental ciertamente podrían ser muy útiles en estas situaciones). Si una relación es sistemática e injustamente unilateral, las implicaciones emocionales de inequidad pueden resultar debilitantes.

Pero hasta las relaciones más fuertes tienen sus altibajos. A veces tu pareja necesita más apoyo; otras veces tú necesitas más apoyo. También contribuyen a la relación de maneras distintas. Quizá tu pareja es mejor para planear; quizá tú eres mejor para implementar. El punto aquí es que llevar el marcador no funciona, porque es imposible cuantificar lo que cada quien aporta a su relación. A menudo tengo esta discusión con parejas en las que uno de los miembros tiene una enfermedad crónica y requiere de mucho apoyo doméstico, financiero y emocional. En esta situación, los momentos bajos pueden durar mucho más que los altos. A veces, estar en una relación significa dejar todo para estar allí para tu pareja; a medida que envejecemos, las posibilidades de que esto ocurra aumentan.

¿Qué tiene que ver todo esto con el cierre? Podríamos pensar que estamos buscando un cierre cuando en realidad estamos siendo dificultosos o pasivo-agresivos. "Si hago que ambos contribuyamos por igual, entonces ya no tendré que vivir con este resentimiento todo el tiempo". "No dejaré de hacer esto hasta que tomes el relevo". "Terminarás por apreciarme y buscarás la forma de contribuir más a la relación y hacerme más feliz".

Puedo decir con toda seguridad que ésta no es la manera de alcanzar un cierre cuando sientes que tu pareja no está aportando tanto a la relación como tú. Por el contrario, es probable que esto haga más daño a su relación, porque tu pareja comenzará a encontrar sus propias maneras de dificultarte las cosas en una competencia para ver quién marca el punto más grande y hostil.

Unas cuantas palabras de preocupación

No hay ninguna vergüenza en estar atrapado en una relación en la que un cierre no es en realidad un cierre, sino una puerta a más infelicidad. Es de humanos. Si estuvieras sentado conmigo en mi consultorio, sólo sentirías compasión de mi parte, no juicios. Sin embargo, como suelo decirles a mis clientes, en última instancia es tu decisión si quieres quedarte atrapado en una rutina potencialmente destructiva o quieres seguir adelante con tu vida.

Déjame hacerte una pregunta más difícil: ¿esto te pasa con frecuencia? Estar en una relación que te causa angustia, pero de la que simplemente no te puedes liberar es una cosa. Tener un historial de haber estado atrapado en múltiples relaciones similares es otra. Esto es un patrón emocionalmente destructivo que te deja en un estado constante en el que te sientes disminuido, impotente y agotado. Puede ser un signo de codependencia, una enfermedad mental o un trastorno de la personalidad —todos ellos padecimientos tratables, pero no nada más por medio de un libro. Un profesional de la salud mental puede hablar contigo sobre los patrones de las relaciones emocionalmente destructivas, ayudarte a identificar lo que te está atrayendo hacia la gente o las situaciones con las que te ves involucrado, y trabajar contigo para hacer cambios. Así que, si te encuentras en el ciclo de buscar infructuosamente cierres en una relación tras otra, puede ser hora de buscar ayuda. No pases por esto tú solo.

Y sólo me queda añadir una preocupación más. Las relaciones del tipo "simplemente no puedo dejarte" que comentamos en este capítulo también incluyen a la violencia doméstica, o como la llamamos ahora, la violencia de pareja. Ésta no tiene que ver sólo con el abuso físico, puede ser también abuso psicológico, legal, de las redes sociales y financiero, entre otras formas de abuso. Uno de los aspectos más dolorosos de mi trabajo como profesional de la salud mental es trabajar con clientes que sufren violencia de pareja. Con demasiada frecuencia, la violencia de pareja incluye un patrón de periodos de abuso que llevan a buscar un cierre con muchas lágrimas y promesas de mejorar, o a la manipulación y a culpar a la víctima, para después seguir con más abuso. Este abuso puede aumentar en intensidad y peligrosidad con el tiempo, pues cada falso cierre abre la puerta a la intensificación del abuso. Si sientes que podrías estar sufriendo violencia de pareja en tu relación, con cierres que sólo conducen a más abuso, es momento de que busques ayuda.

AUTOEVALUACIÓN: EL CICLO DEL CIERRE

En este capítulo expliqué las relaciones en las que buscar un cierre perpetúa un ciclo de disfuncionalidad. Si estás atrapado en una relación como ésas y buscas un cierre, aquí te dejo algunas preguntas que deberías hacerte. Son preguntas difíciles, pero las respuestas valen mucho la pena.

- ¿Cuándo fue la última vez que buscamos un cierre? ¿Cuál fue el problema que estábamos discutiendo?
- Viendo en retrospectiva, ¿la meta de alcanzar un cierre en ese asunto era realista? ¿Factible?
- ¿Cómo nos fue en alcanzar esa meta? ¿El cierre que encontramos fue completo? ¿Incompleto?
- ¿Qué sentí después de buscar el cierre? ¿Enojo? ¿Tristeza? ¿Alegría? ¿Miedo?
- ¿Qué pasó en nuestra relación después de que intentamos lograr un cierre?
- ¿Cuánto tardamos en volver a caer en la rutina?
- Y la pregunta más difícil de todas: ¿qué nos mantiene juntos? ¿Qué gano yo con ello?

Reflexión final: no todas las relaciones están destinadas a ser

Yo estoy a favor de buscar el rayo de luz entre las nubes negras, de identificar lo que es posible, de trabajar para hacer que las relaciones funcionen. Una vez dicho esto, he trabajado con muchos, muchos clientes atrapados en relaciones destructivas —relaciones románticas, laborales, familiares y amistosas. He trabajado con ellos para encontrar un cierre que pueda llevarlos a un cambio positivo, y de verdad creo que la gente es capaz de cambiar.

Sin embargo, mis clientes en situaciones como las que he expuesto en este capítulo a menudo están en una relación con una persona que tiene una agenda, de modo que esa persona necesita estar con alguien que piense o se comporte de cierta manera para cumplir con esa agenda. Y he tenido clientes que estaban tan abatidos, desempoderados o atrapados en el ciclo de tratar de probarse a sí mismos su valor, que no se daban cuenta de que sus repetidos intentos por obtener un cierre, amor o respeto eran una forma de falsa esperanza.

Entonces, ¿cuál es el papel del cierre en una relación que se basa en un patrón de comportamiento destructivo? A veces el mejor cierre es aceptar que no hay cierre. Ésa es la aceptación de la que hablé en el capítulo 2 y de la que hablaré más en la parte 4 de este libro. A veces tienes que aceptar que nunca obtendrás lo que quieres de esa persona y que nunca sabrás por qué. Y entonces, dependiendo de la relación, te alejas.

La triste verdad es que no todas las relaciones funcionan. A veces las relaciones se degradan hasta volverse pura provocación, pura manipulación, puro dificultarse la vida y otros comportamientos destructivos. Un cierre puede mejorar una relación, o al menos proporcionar una oportunidad de acordar estar en desacuerdo y terminar con el ciclo de destrucción mutua. Pero un cierre también puede proporcionar falsas esperanzas, lo que abre la puerta a más disfuncionalidad o abuso. Ser una persona mentalmente sana puede requerir de ti que te hagas algunas preguntas difíciles, que estés dispuesta a observarte a ti misma y que tomes los riesgos necesarios para buscar tu propia felicidad.

PARTE III

Cómo buscar el cierre

CAPÍTULO 8

Establece tus intenciones

En la parte 1 definimos lo que es y no es un cierre, y en la parte 2 exploramos a profundidad nuestras razones para querer un cierre, algunas saludables, algunas no tanto, pero todas muy humanas. En la parte 3 llevaremos nuestros nuevos conocimientos al mundo real y discutiremos las medidas concretas que podemos tomar para buscar un cierre de una manera productiva y significativa. Eso empieza con la intencionalidad.

Seguramente te diste cuenta de que la parte 2 incluye ejercicios y preguntas de autoevaluación en cada capítulo. El propósito de esas actividades es ayudarte a analizar de cerca los pensamientos y sentimientos detrás de tu deseo de buscar un cierre. En este capítulo seguirás profundizando con más preguntas y ejercicios para ayudarte a aclarar tus intenciones y determinar la mejor manera de abordar la búsqueda de un cierre (si, para empezar, decides continuar con esa búsqueda). La meta aquí es ayudarte a abordar el cierre desde una posición de fuerza y empoderamiento, para que no actúes por desesperación o ira, y en última instancia te provoques más daño a ti o a alguien más. Cuando actúas con intencionalidad tienes mayor probabilidad de lograr un cierre de una manera que genuinamente te ayude, y de reconocer cuando el cierre es imposible y es mejor retirarte. Entremos en materia y aprendamos sobre establecer intenciones.

La importancia de la intención

Al principio, cuando quieres un cierre, simplemente *lo quieres*. Tan pronto como sea posible. Ahora mismo. El enojo, la tristeza, el miedo, la frustración... Todo se ha ido acumulando, y es incómodo, y tiene que salir de algún modo. Simplemente quieres sentirte mejor, y creer que sólo con un cierre harás que esos malos sentimientos desaparezcan.

Y entonces, no piensas. Sólo actúas.

Y entonces después, cuando no obtienes el resultado que esperabas, te das cuenta de que a la hora de la verdad no tenías del todo claro *por qué* necesitabas un cierre. No habías pensado en la mejor forma de presentar tu caso. No habías considerado cómo podría reaccionar la otra persona ante tu petición (o exigencia). Estabas buscando un cierre desde un lugar de reactividad y pánico, no desde una posición de claridad y fuerza.

En una palabra, te faltó intencionalidad.

En el ámbito de la salud mental hablamos mucho de intencionalidad últimamente. Les enseñamos a nuestros clientes por qué es importante tener claras nuestras intenciones en las situaciones cotidianas. Les ayudamos a entender sus intenciones cuando comienzan a interactuar con otra persona, y luego se las comunicamos a esa persona de una forma en que las pueda oír y entender. Y los guiamos para que reconozcan cuando ciertas intenciones significan que no les conviene seguir determinado rumbo, incluyendo uno que podría llevarlos a lograr un cierre.

En resumen, intencionalidad significa:

- Entender los motivos detrás de tu deseo de comunicar
- Ser consciente de lo que esperas conseguir con tu comunicación
- Saber lo que quieres decir y cómo quieres decirlo

- Tener expectativas realistas sobre cómo puede reaccionar la otra persona

En términos de cierre, esto significa preguntarte:

- ¿Por qué necesito un cierre en esta situación?
- ¿Qué espero lograr al hablar con esta persona?
- ¿Cuál es la mejor forma de abordar esta conversación?
- Dado lo que sé y lo que he pasado con esta persona, ¿cuáles son los resultados realistas posibles?

Volverte completamente consciente de tu propia intencionalidad puede no ser un proceso cómodo. Requiere hacerte a ti mismo algunas preguntas difíciles, mirar en lo profundo de tu interior y evaluar tus experiencias. Sí, pensarás en cómo la otra persona contribuyó a la situación en la que sea que estés metido, pero también observarás el papel que jugaste tú. Ser claro contigo mismo sobre cómo pudiste haber contribuido a la situación no es fácil; de hecho, puede ser francamente duro. Pero cuando haces el trabajo que te posibilita actuar con intencionalidad, los resultados pueden ser poderosos.

¿Por qué? Porque este trabajo te permite llegar a un lugar donde involucras por completo a tu mente racional, en lugar de quedarte atrapado en las emociones del momento. Cuando sentimos que se nos trata injustamente, se dispara una respuesta emocional. Seamos honestos: prácticamente cualquier interacción con otro ser humano puede disparar una respuesta emocional. Y cuando nos sentimos mal de algún modo, queremos hacer algo que nos haga sentir mejor.

Esa necesidad de sentirse mejor es una razón fundamental para buscar un cierre. Pero un cierre exitoso requiere superar la reacción emocional inmediata para que puedas actuar de una manera que aborde directamente a la situación. Así los adultos involucrados pueden tener una conversación de adultos. Ahora bien, yo estoy a favor de que reconozcas tus sentimientos, de que los sientas, de que los honres. Pero la forma en que *actuamos* ante esos sentimientos es igual de importante. Y si no empleamos nuestra mente racional además de nuestros sentimientos, podemos terminar actuando de una manera que sea improductiva o dañina para nosotros y para los demás.

Por supuesto, las emociones pueden surgir al momento de buscar el cierre, incluso emociones muy fuertes. Pero la intencionalidad te puede ayudar a asegurarte de que las emociones no se vuelvan tan dominantes que pierdas de vista lo que estás tratando de lograr, dañando más la relación y sintiéndote aún más desempoderado en el proceso. Como todos sabemos, las acciones tienen consecuencias; la mente racional ayuda a protegernos de las consecuencias inesperadas e indeseables.

Examina tus emociones

Si no tuvieras un montón de emociones relacionadas con lo que pasó entre tú y la persona con la que estás buscando un cierre, no estarías buscando un cierre, para empezar. Tomarte el tiempo para ordenar e identificar las características específicas de estas emociones es un aspecto importante de la intencionalidad. No sólo te ayuda a tener más claridad, sino que también te permite prepararte mejor para la conversación de cierre.

Por ejemplo, no quieres apresurarte a actuar si estás sintiendo una intensa tristeza. Es mucho mejor ser consciente de esos sentimientos, buscar la fuente de tu tristeza, hablarlo con una persona objetiva y tomar algo de perspectiva sobre tu tristeza. Otros sentimientos pueden surgirte, incluyendo ira, frustración o miedo. Te recomiendo examinar todos esos sentimientos, sacarlos a la luz, entenderlos y asumir tu responsabilidad sobre ellos.

En una conversación difícil pueden presionarse muchos botones emocionales. Si realmente no te has tomado el tiempo de examinar tus sentimientos, puede ser que de pronto te encuentres desbordado por sentimientos que no habías reconocido antes y que no habías afrontado. Esto, potencialmente, puede resultar en una conversación que no vaya a ningún lado, porque estás tan abrumado que eres incapaz de abordar los problemas en cuestión. Y para ser honestos, estar emocionalmente desbordado puede ponerte en la posición de ser manipulado o "gaslighteado" por la persona con la que estás intentando encontrar un cierre, lo que te haría regresar de inmediato a la misma dinámica que, para empezar, creó la necesidad del cierre. Además, puede afectar tus propias acciones, haciéndote decir cosas o tener comportamientos que pueden dañar a la otra persona y/o a la relación.

El *mindfulness* puede ser una técnica útil para identificar sentimientos. Tómate un tiempo para sentarte solo en un lugar tranquilo. Haz algunas respiraciones de relajación. Visualiza las interacciones del pasado con esa persona que te llevaron a esta posición. Mientras las visualizas, escríbelo en un diario. Anota los pensamientos que te surjan sobre ti mismo, sobre tu relación, y cualquier sentimiento asociado. Esto te ayudará a identificar los sentimientos que están bullendo. Algunos pueden ser particularmente fuertes. Ésos son los sentimientos que te recomiendo que analices con más atención, que entiendas de dónde vienen, que hables de ellos antes de buscar el cierre. Si no sientes que seas capaz de abordar el cierre desde esta perspectiva, entonces iniciar una conversación sobre ello seguramente no te beneficiará a ti ni a la persona de quien estás buscando el cierre.

Clarifica tu comunicación

Actuar con intencionalidad es un proceso de dos pasos. Primero, haces el trabajo duro de aclararte a ti mismo tus intenciones en lugar de reaccionar de inmediato a tus emociones de una forma de la que te arrepentirás después. Y luego, una vez que has alcanzado la claridad interior, la usas para comunicar efectivamente tus sentimientos y pensamientos a la persona con quien estás buscando el cierre. Si no te has tomado el tiempo de mirar dentro de ti y entender tus intenciones al buscar un cierre, no estarás en buena posición para transmitirlas a la otra persona —¿cómo podrías?— y la conversación podrá fácilmente descarrilarse. Pero si de verdad entiendes tus intenciones, estarás en mejor posición para comunicar por qué piensas y sientes eso, para describir qué tipo de cierre estás buscando y para aclarar qué es y qué no es lo que pretendes, de una forma que te lleve con mayor probabilidad a un entendimiento.

Como dije antes, no tenemos ningún control sobre la manera en que la demás gente piensa, siente o se comporta. Sin embargo, cuando hablas con intencionalidad, existe una mayor posibilidad de que la otra persona sea capaz de escucharte sin ponerse a la defensiva, porque estás hablando honestamente desde el "yo" y asumiendo la responsabilidad sobre tus propios sentimientos, en lugar de hablar desde el más acusatorio "tú". La intencionalidad significa hablar desde el corazón con honestidad, respeto y compasión. Te ayuda a evitar dañar la relación provocando que la otra persona se sienta injustamente atacada o culpada. También te ayuda a evitar que agraves tu propio sufrimiento al pedir algo que ya sabes que la otra persona no puede o no quiere darte. Es un poderoso cimiento para una conversación sobre cierre.

Te pongo un ejemplo de intencionalidad en acción.

Beth y Fernanda han tenido una relación por algunos años. Fernanda creció en una familia muy estable, pero Beth no. Beth sigue muy involucrada con su familia, contribuyendo financieramente con una mensualidad para sus padres, lo que tiene un impacto en la situación financiera de la pareja. Mientras que Fernanda se ha esforzado por ser comprensiva, la familia de Beth le demanda mucho tiempo y dinero, incluyendo frecuentes visitas de fin de semana a sus padres, que viven en otro estado. Fernanda siente que Beth ha priorizado a su familia por encima de su relación, y que se ha involucrado tanto con resolver los problemas de su familia que ya no está comprometida con su relación.

Fernanda ha hablado con Beth sobre sus sentimientos. Incluso han tenido algunas sesiones de terapia de pareja. Pero ella no ve ningún cambio. Fernanda se siente triste, pero también enojada. Si es honesta consigo misma, se siente sobre todo enojada. No ve ningún progreso; de hecho, Beth pasa cada vez más tiempo con sus padres y también se ha involucrado en el cuidado de un hermano que tiene un problema de abuso de sustancias, lo cual la tiene todavía más preocupada por los asuntos familiares. Fernanda ha tratado de ayudar, de ser emocionalmente solidaria, pero Beth ha levantado un muro entre ellas diciendo cosas como "Yo puedo manejar esto sola".

En el fondo, Fernanda sabe que esta situación no va a cambiar y que necesita tener una gran conversación de ruptura con Beth. Pero cuando comienza a formular lo que quiere que Beth escuche y entienda, vuelve a entrar en contacto con su enojo. Entonces empieza a pensar en cómo siente que merece explotar contra Beth, liberar toda su furia, sus sentimientos heridos, su decepción, sus miedos sobre un futuro sin Beth. Eso podría sentirse bien en el momento, pero seguramente no le daría a Beth ni a Fernanda el cierre que Fernanda cree que ambas necesitan si van a seguir adelante con su vida cada quien por su lado. Fernanda sabe que esto no sería productivo, que sólo resultaría en más dolor, no en un cierre.

Fernanda se toma un tiempo para aclararse a sí misma sus intenciones respecto de encontrar un cierre con Beth, de modo que pueda hablar con ella sobre las razones de su decepción y su enojo, en lugar de simplemente descargar su enojo contra ella. Al hacer esto, Fernanda logra tener claro que lo que quiere es que Beth sepa lo mucho que significa para ella, por qué la relación ha dejado de funcionar y cómo pueden encontrar un camino para terminar su relación de forma justa y con compasión mutua. Fernanda conoce muy bien a Beth para saber que ella escuchará una discusión racional si tiene la oportunidad de responder y decir su punto de vista, pero que se alejará si Fernanda intenta dar rienda suelta a su enojo. (Otra vez, eso no las llevaría a un cierre.) Fernanda también tiene claro que su intención es oír a Beth, escuchar su versión.

Fernanda se toma algo de tiempo para ordenar sus sentimientos, comenzando por permitirse realmente sentirlos, incluyendo su enojo. Después, se aparta de sus sentimientos y utiliza su mente racional para considerar la historia de su relación —qué las llevó a estar juntas, los grandes momentos que compartieron—, así como sus propias necesidades y expectativas. Define que su primera y más importante intención es tratar a Beth con amor y compasión.

Cuando finalmente inicia la conversación, le dice a Beth: "Te amo tanto, pero creo que estamos en lugares distintos en nuestra relación. Respeto lo que haces por tu familia, pero siento que nuestra relación ya no es importante para ti. No puedo seguir viviendo así".

"Estoy de acuerdo", dice Beth. "Estamos en lugares distintos. Y en este momento, mi lugar es con mi familia. No espero que lo entiendas, pero ojalá puedas aceptar que esto es lo que tengo que hacer".

Beth y Fernanda se desean mutuamente que les vaya bien y se agradecen los buenos momentos que compartieron. Ambas se sienten tristes de separarse, pero reconfortadas de saber que su cierre se basó en el cariño, lo cual fue posible gracias a la claridad de intenciones de Fernanda.

Ordenar las emociones y clarificar la intencionalidad es importante no sólo en las relaciones románticas. Es crucial cuando buscamos un cierre en cualquier situación. Te permite hacer un intento de llegar a un entendimiento mutuo y de encontrar un camino para seguir adelante, en lugar de desatar una tormenta de emociones contra la otra persona. Ser claro en tu intencionalidad —primero contigo mismo y después con los demás— le abre las puertas al cierre.

La intención y la decisión de alejarse

La intención nos prepara para actuar desde una posición de fortaleza al ayudarnos a ser claros con nosotros mismos, lo que nos permite ser claros con los demás. A veces, sin embargo, adquirir esta claridad de intenciones con nosotros mismos puede tener una consecuencia inesperada: es posible que nos lleve a dejar de buscar un cierre por completo.

¿Por qué? Durante el proceso de autoanálisis podrías decidir que ésta no es la mejor dirección que debes seguir. Quizá te des cuenta de que tu intención no es tan evidente como creías. No es un cierre lo que deseas, sólo quieres que la otra persona sepa cómo te sientes, o sólo quieres vengarte de ella, lo que sólo le abrirá la puerta a más comportamiento dañino de su parte (y tal vez también de la tuya).

Quizá reconozcas que la persona de quien estás buscando el cierre seguramente no te lo dará, y que podría hacerte sentir peor al negar su responsabilidad en tu dolor, al intentar manipularte o al provocarte más sufrimiento de cualquier otra manera. ¿Por qué prepararte para eso?

Quizá llegues a entender que el cierre que esta persona te da es siempre temporal y que ya no vale la pena el tiempo y la energía que le inviertes a seguir repitiendo este ciclo. Suficiente. Ya has recorrido el camino y ya sabes a dónde conduce.

Quizás incluso decidas que todavía no tienes claro por qué quieres un cierre. Tal vez en un futuro vuelvas a contemplar esta decisión, pero por ahora no has ordenado tus sentimientos lo suficientemente bien para buscar un cierre. No es el momento adecuado.

Tomarte un tiempo para definir tu intencionalidad puede llevarte a cualquiera de estas decisiones. A veces, la posición de fuerza es no buscar un cierre. A veces, la posición de fuerza es alejarse.

Guía para clarificar tus intenciones

Ahora que entiendes el poder de la intencionalidad, analicemos más a profundidad el proceso de clarificar tus intenciones contigo mismo. Esta guía paso a paso te llevará por todo el proceso de definir tus intenciones en una situación en la que quieres un cierre.

Paso uno:
Considera el pasado

Repasa la historia de la relación o de la situación en cuestión e identifica lo que te ha llevado hasta este punto. Las preguntas que debes hacerte en este paso incluyen:

- ¿Cómo fue que entramos en contacto? ¿Cuál fue mi primera impresión de esta persona? ¿Cuáles fueron mis instintos iniciales respecto de ella?
- ¿Qué he experimentado en esta relación/situación?
- ¿Qué aspectos me gustaron o no me gustaron, y por qué?
- ¿Con qué he contribuido a la relación, emocionalmente y de otras maneras?
- ¿Con qué ha contribuido la otra persona?

Paso dos:
Examina el presente

Define el dolor o la insatisfacción emocional que está provocando que busques un cierre en la situación actual. Las preguntas que debes hacerte aquí incluyen:

- ¿Qué se siente incompleto entre nosotros? ¿Qué cabos sueltos quiero atar?
- ¿Puedo definirlo de una forma que intuitivamente se sienta correcta para mí?
- ¿Puedo definirlo de una forma que sea comprensible para la otra persona?
- ¿La falta de completud es algo que necesito trabajar en mí antes de intentar buscar un cierre?

Paso tres:
Define tus expectativas de futuro

Identifica cómo esperas que buscar un cierre te beneficie a ti o a la relación. Algunas buenas preguntas en este paso podrían ser:

- ¿Qué quiero obtener de buscar un cierre?
- ¿Qué quiero que la otra persona entienda?
- ¿Esto fortalecerá nuestra relación o la llevará a su fin?
- ¿Cómo me hace sentir eso? ¿Es realmente lo que yo quiero?

Paso cuatro:
Evalúa los resultados potenciales

Ahora que sabes qué tipo de cierre quieres y por qué, es momento de pensar qué tan realista es lograrlo. Las preguntas en esta etapa incluyen:

- Dado lo que conozco de esta persona, ¿cuáles son algunas de las reacciones que seguramente podría tener si inicio esta conversación sobre cerrar?
- La gente siempre puede sorprendernos. ¿Cuáles son algunas de las reacciones improbables, pero factibles, que esta persona podría tener?
- ¿Estoy bien con cualquier posible reacción, o alguna de ellas me haría sentir peor o incluso más incompleto?
- Sin importar cómo reaccione esta persona, ¿considero que yo sería capaz de seguir actuando con intencionalidad? ¿En qué situaciones es más probable que me deje llevar por mis emociones y actúe de una forma de la que me arrepienta después?

Paso cinco:
Evalúa los resultados potenciales

Una vez que has examinado tus intenciones y has alcanzado claridad contigo mismo y con la situación, es momento de escoger qué acciones tomar. Las preguntas que te debes plantear en este paso incluyen:

- ¿Quiero seguir adelante con mi búsqueda de cierre?
- ¿Quiero dedicarle más tiempo a esta situación?
- ¿Quiero alejarme y no buscar ningún cierre en absoluto?

Puedes pensar en este proceso como tu "tarea precierre". Al hacerlo, te estarás ayudando a entrar en contacto totalmente con tus sentimientos y a emplear tu mente racional, de modo que puedas determinar el camino a seguir desde un lugar de fuerza y empoderamiento.

EJERCICIO: PRACTICA LA INTENCIONALIDAD

Piensa en una situación o relación —laboral, romántica, amistosa, familiar— del pasado en la cual quisiste un cierre, pero nunca lo conseguiste por una razón u otra. Siéntate en un lugar tranquilo con una pluma y un papel (o una computadora). Considera esta relación desde la posición de la intencionalidad. Piensa en los cinco pasos de la guía para clarificar tu intencionalidad, anotando tus repuestas a las preguntas en cada paso.

Una vez que hayas terminado, pregúntate si, en esta situación pasada, estabas completamente preparado para buscar el cierre desde el punto de vista de la intencionalidad. ¿Dónde pudieron haber sido más claras tus intenciones, primero para ti y después para la otra persona? ¿Analizaste adecuadamente tu resultado deseado, y éste era realista? ¿Consideraste minuciosamente cómo podría reaccionar la otra persona, de manera que estuvieras cómodo con cada posible reacción? Y por último, pregúntate lo que has aprendido sobre la necesidad de ser intencional para cuando busques un cierre en futuras relaciones.

Prepárate, pero no ensayes

Siempre recomiendo llegar a una conversación difícil completamente preparado, mental y emocionalmente. Esto no tiene nada que ver con manipular el rumbo de la conversación con el fin de manipular también a la otra persona; de hecho, es lo contrario. Cuando te preparas para tener una conversación que se fundamenta en intenciones claras, es más probable que logres el cierre de una forma que te beneficie a ti y a la otra persona.

Primero, considera qué tan listo estás tú. Si has hecho tu tarea precierre y de verdad has mirado dentro de ti, estarás en mucha mejor posición para contestar esta pregunta. Si tus emociones siguen a flor de piel, si crees que no puedes hablar del cierre sin derrumbarte o sin explotar o ambas, entonces tal vez todavía no estés listo.

Segundo, considera qué tan lista está la otra persona. A partir de lo que sabes de ella y de dónde se encuentra actualmente en la vida, ¿está en un lugar emocional y mental desde donde tú crees que pueda tener esta conversación contigo? ¿Se encuentra en medio de algunos desafíos de la vida que podrían volverla menos receptiva a discutir un cierre contigo? ¿Sigue albergando sus propios sentimientos sobre lo que pasó entre ustedes dos, de manera que ni siquiera desee hablar contigo, ya no digamos tener una discusión difícil y emocional? Desde luego, puede ser que no tengas ni idea de si la otra persona está lista o no. Pero vale la pena considerarlo, y si tú crees que puede no estar lista, quizá sea una buena idea desistir por el momento.

El estar listo no es garantía de éxito, pero considerar si lo estás puede colocarte en una posición donde el éxito es más probable.

Es importante resaltar, sin embargo, que estar listo no significa ensayar. A menudo, cuando hablo con un cliente sobre sus planes para buscar un cierre, me dan un resumen de lo que los ha llevado a este punto, de por qué piensan que el cierre es importante, de lo que esperan lograr de una conversación de cierre y de lo que creen que es realista esperar de esa conversación. Hasta ahora, todo bien. Pero a partir de ahí, a veces comienzan a describir lo que es más probable que diga la otra persona y cómo ellos responderán a eso, seguido de lo que escucharán a continuación... y etcétera, etcétera. Esto es lo que yo llamo el ensayo de una conversación.

Cuando ensayas una conversación que planeas tener, te estás preparando para un fracaso. ¿Cómo? Estás poniendo barreras alrededor de la conversación al intentar forzarla a que se desarrolle según tu plan, cuando en realidad no podemos forzar nada a ir de acuerdo con ningún plan, especialmente el comportamiento de las demás personas. Más que entrar a la conversación con una mente abierta, te estás enganchando a un guion. Cuando tienes la plática, estarás escuchando las palabras clave que dispararán tu siguiente respuesta, en lugar de escuchar lo que la otra persona realmente está diciendo. La otra persona, a su vez, puede sentir que no está siendo escuchada y, como resultado, puede cerrarse, ponerse a la defensiva o empezar a discutir. Fuera del teatro, las conversaciones ensayadas suelen ser un viaje a ninguna parte, incluso si crees que conoces a la persona lo suficientemente bien para predecir sus respuestas, o si piensas que serás tan persuasivo que no tendrán más opción que responder como esperas que lo hagan.

Un enfoque mejor es ser claro con tus intenciones, pero al mismo tiempo adoptar lo que se conoce como la mente de principiante. La *mente de principiante* es un término inventado por el budismo zen japonés. La idea es que entre más sabes (o crees que sabes), estás menos abierto a aprender más; pero si te consideras como un principiante, incluso en áreas de la vida donde tienes mucha experiencia, estarás más abierto a recibir conocimiento nuevo y a menudo inesperado.

Ahora, apliquemos el concepto de mente de principiante a la búsqueda de cierre. Si ensayas tanto una conversación que llegas a ella "sabiendo" cómo terminará, le negarás a la otra persona la oportunidad de sorprenderte. Pero si hablas con honestidad e intencionalidad a la vez que mantienes tu mente abierta —una mente de principiante—, muy bien podrías aprender algo nuevo e inesperado sobre ti mismo y sobre la otra persona.

Reflexión final: intencionalidad es poder

Tomarte el tiempo para tener claras tus intenciones establece una base firme para alcanzar un cierre. Cuando tenemos claras nuestras intenciones, y las aclaramos con la persona con la que nos estamos comunicando, abrimos la puerta a una comunicación efectiva. Cuando nuestras intenciones no son claras, le abrimos la puerta a la negación, a la defensiva y a la incomprensión. La intencionalidad es la clave para lograr un cierre que sea efectivo, productivo y satisfactorio. Intencionalidad es poder.

CAPÍTULO 9

Ten la conversación (o no)

"Bueno, entonces, ¿cómo debo tener esa conversación de cierre?".

Ésa es la pregunta que con más frecuencia me hacen mis clientes. Tener una conversación sobre cerrar puede ser incómodo, por decir lo menos. Los clientes me cuentan que se les traba la lengua, tartamudean, están inseguros de cómo expresar lo que quieren decir. Inevitablemente, surgen emociones fuertes, lo que vuelve aún más difícil tener una conversación. Y como ya lo he señalado varias veces, no podemos predecir cómo va a reaccionar la otra persona.

Pero eso no significa que sea imposible. La gente puede tener y tiene conversaciones de cierre, y éstas pueden ser profundamente significativas. En el capítulo 8 explicamos cómo prepararte para tal conversación examinando tus emociones y estableciendo tus intenciones, para así sentar las bases de una conversación honesta y productiva. En este capítulo abordaremos las mejores prácticas para la conversación en sí: cómo decir lo que tienes que decir y cómo escuchar lo que la otra persona tiene que decir para poder lograr el cierre. También veremos qué hacer cuando, por la razón que sea, no es posible tener una conversación de cierre.

Extender una invitación

No olvides que la peor manera de iniciar una conversación potencialmente difícil y emocionalmente cargada es "emboscar" a la otra persona, tomarla por sorpresa y lanzarte directamente a la conversación. Por eso es importante —y compasivo— preparar a la otra persona por adelantado, extendiéndole una invitación a platicar que le permita saber lo que quieres discutir y por qué, junto con la opción de rechazar cualquier discusión adicional.

En general, cuando le pides a alguien que se reúna contigo para hablar de un cierre, sabrá sobre lo que quieres conversar antes de que le digas tu propósito. Podría estar esperando que se lo pidas, pues tal vez quiera tener esta conversación. O podría estársela temiendo. Y sí, también es posible que no tenga idea de lo que quieres tratar.

Cuando invites a la persona a tener esta conversación contigo, verdaderamente *invítala*. Exigirle tener esta conversación la pondrá a la defensiva y será más probable que se niegue, mientras que rogarle es desempoderante para ti. Así que haz una simple petición, algo así como: "Me gustaría que nos sentáramos a conversar sobre nuestra relación, ¿te parece?".

Otra vez, lo más probable es que no se sorprenda de tu petición. La gente suele saber cuando tiene asuntos inconclusos contigo, ¡pero no siempre! Si pregunta sobre qué quieres hablar, puedes responder con algo como: "Creo que a los dos nos serviría sentarnos a conversar. Hay algunas cosas que quiero decirte, y también quiero escuchar lo que tú tengas que decirme. ¿Estás de acuerdo en que nos veamos? Me parece que a ambos nos beneficiaría llegar a un cierre mutuo".

Idealmente, recibirás un sí, incluso si es tentativo. Podría incluir una advertencia: "Sí, pero no me interesa pelear contigo", o "Sí, pero espero que no quieras una disculpa", o "Sí, pero no voy a admitir que tengo la culpa", o "Sí, pero no vamos a volver".

Si obtienes un tal vez, podrías tener que repetir tu petición después, luego de darle un tiempo para pensar si quiere hablar contigo o no.

O quizás obtengas una respuesta más directa: "No". Si te dicen que no, respétalo y acepta que tal vez no encontrarás tu cierre, al menos no de la forma que habías esperado. (Hablaré más sobre cómo seguir adelante sin un cierre en la parte 4.)

Si la otra persona acepta tu invitación a hablar sobre un cierre, necesitarán escoger una hora y un lugar para reunirse. (Yo pienso que estas conversaciones casi siempre es mejor tenerlas en persona, pero más adelante en este capítulo comentaremos las alternativas.) Tal vez ya tengas una hora y un lugar en mente antes de pedirle a la otra que se reúnan, o quizá decidan juntos una hora y un lugar que les acomode a ambos.

En cuanto al momento, no empieces esta conversación con la otra persona inesperadamente y tampoco le pidas reunirse a una hora que sabes que no estará al cien, como después de una larga jornada de trabajo o en un fin de semana feriado. Agenda una hora que les convenga a los dos. Si la otra persona siente que su opinión es tomada en cuenta para escoger la hora, quizá será más receptiva a tener una conversación contigo. A nadie le gusta ser incomodado, recibir órdenes o ultimátums.

También considera el lugar. Ésta puede ser una discusión muy emocional, así que te recomiendo que escojas un sitio donde te sientas cómodo expresando sentimientos y donde puedas hablar con franqueza sin que la gente te esté escuchando. Eso significa que quizás un café muy concurrido no sea la mejor idea, y tampoco un restaurante demasiado ruidoso. Tal vez quieran reunirse en tu casa o en la suya, si pueden tener espacio sin más gente, pero quizá no se sientan cómodos estando en la casa del otro, especialmente si hay muchos recuerdos asociados. Recomiendo encontrar un territorio neutral, un lugar que no esté cargado de recuerdos y donde ambos se sientan cómodos, no arrinconados, no abrumados, no a la defensiva. Yo soy un gran fan de reunirse en un parque público o de dar un paseo juntos, dependiendo del clima.

Tener la conversación

Si después de hacer el inventario de tus emociones y de obtener claridad sobre tus intenciones decides seguir adelante con la búsqueda de cierre, entonces viene el gran momento: tener la conversación. Para este momento, te podrías estar preguntado: ¿por qué tanta preparación? Espero que la respuesta a esa pregunta sea clara. Siempre recomiendo llegar a cualquier conversación difícil desde un punto de vista de fuerza, empoderamiento, autoconsciencia y compasión. Eso requiere estar muy bien preparado. A continuación, veremos el proceso paso a paso para guiarte a través de la conversación de cierre, lo cual espero te ayude con esa preparación.

Enlistaré los pasos para la conversación de cierre y luego revisaremos cada uno a detalle. Estos pasos no pretenden ser una garantía de que la conversación se desarrollará de una cierta manera —recuerda, ensayar en exceso una conversación suele hacerla *menos* exitosa, no más—, pero deberían proporcionarte un esquema detallado que te ayude a pensar en lo que quieres decir y a decirlo desde una posición de intencionalidad y autenticidad.

1. Expresa tus intenciones.
2. Pídele a la otra persona que escuche.
3. Establece tu posición usando oraciones con "yo".
4. Pregúntale si entiende.
5. Escucha lo que tenga que decir.
6. Busca una manera de seguir adelante.

Paso uno:
Declara tus intenciones

He escrito mucho sobre la importancia de la intencionalidad. Si has seguido los pasos del capítulo 8, entonces con suerte has clarificado tus intenciones para ti mismo. Expresarlas en voz alta para la otra persona es una buena manera de iniciar la conversación.

Te recomiendo empezar a hablar en términos generales: "Quiero platicar sobre lo que sucedió entre nosotros. Me gustaría contarte lo que ha estado sucediendo conmigo, y me gustaría escuchar sobre ti".

Y luego continúa con un resumen de tus intenciones. Algunos ejemplos serían:

- "Tuvimos una relación, y ya no la tenemos. No entiendo qué pasó entre nosotros, y me gustaría hablar contigo sobre eso. Me siento triste y enojado. Me gustaría hablar contigo sobre lo que pasó desde mi punto de vista, pero también me gustaría escuchar el tuyo".

- "Yo disfrutaba trabajar contigo, y pensaba en ti como alguien en quien podía confiar. El correo electrónico que mandaste dañó mi reputación. Quiero hablar de cómo me siento. Quiero saber qué estaba sucediendo contigo. Y quiero ver si podemos encontrar una manera de seguir adelante".

- "Somos familia. Sé que lo que dije en la cena de Día de Gracias no te gustó. Quiero aclarar las cosas contigo. Quiero que sepas por qué lo dije y cómo me he estado sintiendo desde entonces. Quiero saber qué puedo hacer para arreglar esta ruptura en nuestra relación".

Fíjate que en estos ejemplos la persona que habla, que es quien busca el cierre, está tratando de ser clara con respecto a por qué quiere tener esa conversación de cierre. Está asumiendo la responsabilidad de sus pensamientos y sentimientos. Está declarando sus expectativas, primero para aclarar su propia perspectiva y luego para escuchar a la otra persona. Cuidado: si tu intención es ser escuchado, pero no escuchar la versión del otro, y tú declaras esto directa o indirectamente, la conversación puede concluir antes de comenzar.

Paso dos:
Pídele a la otra persona que escuche

Una vez que has declarado tu intención, pídele a la otra persona que escuche. Éste es un siguiente paso muy importante en tu conversación. La palabra clave aquí es *pídele*, no exígele, no ruégale. Tan sólo reitérale que tu intención es tener una conversación y pídele que escuche lo que tienes que decir. Esto puede sonar a algo como: "Te voy a pedir que me escuches con una mente abierta. Yo haré lo mismo por ti. ¿Podemos tener una conversación?". La otra persona puede expresar su disposición, o tal vez no. O quizá pregunte si pueden posponer la conversación para después. ¡Paciencia!

Paso tres:
Establece tu posición usando oraciones con "yo"

Ahora viene la parte que da más miedo, ésa donde sintetizas en tus propias palabras tu percepción de lo que sucedió entre ustedes dos, cómo te ha impactado y qué necesitas para sentir un cierre. Sí, esto significa ser sincero sobre los sentimientos que experimentaste y que sigues experimentando. Sí, ésta es una posición vulnerable: estás corriendo el riesgo de que la otra persona no esté abierta a escuchar o a tratar de entender.

Primero, quiero hacer énfasis en la importancia de usar oraciones con "yo". "Yo vi...", "Yo pienso...", "Yo siento...". Cuando usas la palabra *yo*, estás asumiendo la responsabilidad de cómo te sientes e invitando a la otra persona a escuchar sin que esté a la defensiva. Por el contrario, comenzar con "tú" implica que vas a lanzarte a hacer críticas y acusaciones, lo cual, inevitablemente, provocará que los muros de la otra persona se levanten. La persona de quien estás buscando un cierre puede ponerse a la defensiva sin importar cómo intentes establecer tu posición, pero las oraciones con "yo" incrementan la probabilidad de que te escuche con una mente abierta.

Además, seguramente conoces a esta persona bastante bien, así que un poco de inteligencia emocional podría ayudarte mucho en esta conversación, en términos de hablar de tal manera que la otra persona pueda verdaderamente oír lo que estás diciendo. Escoge bien tus palabras y ten cuidado de tus expresiones faciales y el tono de tu voz. Trata de no hablar o actuar de una forma que pueda provocar una respuesta negativa.

Cuando expongas tu percepción de lo que sucedió entre los dos, limítate a lo que está basado en evidencias. Emplea observaciones específicas y ejemplos de acciones o comportamientos que la otra persona ha mostrado en su relación, y cómo te sientes a consecuencia de ello. Los ejemplos (es decir, evidencia) son siempre más fáciles de entender que las generalidades, lo que puede ser más fácilmente interpretado como acusaciones. Aquí te presento algunos ejemplos breves.

- "Creía que nos la pasábamos muy bien juntos y que teníamos algunos momentos fabulosos. Creía que estábamos aprendiendo mucho sobre el otro, especialmente cómo ser una pareja. Después de que te mudaste conmigo, sentí como que gradualmente empezamos a estar más distantes. Tenía la sensación de que ya no querías oír lo que yo tenía que decir ni pasar tiempo conmigo. Trabajabas hasta tarde por las noches. Hacías planes con tu familia que ya no me incluían. Me sentí no querido. Estaba devastado".

- "El proyecto en el que estábamos trabajando parecía estar progresando bien. Estábamos alcanzando nuestras metas mensuales y recibíamos buena retroalimentación desde la gerencia. Yo traté de ser abierto contigo sobre dónde creía que necesitábamos recursos adicionales, y pensé que estabas de acuerdo conmigo. Por eso, cuando enviaste aquel memorándum llamándome la atención por no haber cumplido con un objetivo importante del proyecto, quedé sorprendido. Recibí una fuerte reprimenda del director. Estoy profundamente decepcionado. Me siento como si me hubiera convertido en el chivo expiatorio".

- "Había bebido un poco de más antes de la cena del Día de Gracias. Lo acepto. Y nunca ha sido un secreto el cómo me siento sobre la ruptura de tu matrimonio, sobre cómo había esperado que los dos hicieran un esfuerzo mayor para lograr que funcionara. Desde luego, sé que era tu relación y no mía, y que tienes tus propias razones para haber tomado la decisión que tomaste. Pero cuando hice ese comentario sobre el lugar vacío en la mesa y con quién tratarías de ocuparlo el año que entra, estaba lo suficientemente sobrio para saber que me había sobrepasado por completo. Pude verlo en tu cara".

Al leer estos ejemplos podrás darte cuenta de que quien habla lo hace desde el "yo", no desde el acusatorio y crítico "tú". Si bien no podemos suponer nada en lo que concierne a las demás personas, es de esperar que el oyente sea capaz al menos de escuchar y asimilar la conversación hasta el momento. Poder declarar tu postura con tal claridad requiere preparación. Si el hablante en estas situaciones no se hubiera tomado el tiempo de ordenar sus pensamientos y sentimientos, y de ligarlos a ejemplos específicos, estas frases hubieran sido esencialmente exabruptos emocionales: gritos, llanto, acusaciones y defensividad, lo que no lleva a ninguna parte.

Por cierto, si la otra persona trata de interrumpirte para discutir un punto o para defenderse, te aconsejo que le pidas que, por favor, escuche hasta que hayas terminado lo que tienes que decir. Y después recuérdale que tú estás allí para escucharla también. Si se vuelve evidente que en verdad es incapaz de escuchar, ahórrate más molestias y frustraciones, y da por terminada la conversación.

Paso cuatro:
Pregúntale si entiende

Luego de que has declarado tu postura y aclarado tus pensamientos y sentimientos, pregúntale a la otra persona si entiende lo que estás tratando de comunicar. Esto puede ser tan simple como: "¿Entiendes lo que digo?" o "¿Tiene sentido para ti?". Prepárate para que se ponga un poco a la defensiva —o mucho. A nadie le gusta escuchar que no es perfecto. Si encuentras resistencia, podrías añadir algo como: "No te estoy pidiendo que estés de acuerdo conmigo. Sólo te pido que entiendas".

En un mundo ideal, tendrías la certeza de que la persona con quien buscas el cierre cuando menos entiende, incluso si está en desacuerdo o se siente obligada a defenderse. También puede ser que descubras que no es capaz de continuar la conversación. Tal vez quiera retomarla después, o tal vez no.

Paso cinco:
Escucha lo que tenga que decir

La oferta de ser tanto oyente como hablante es esencial en cualquier conversación. Se te escuchó, ahora es tu turno de escuchar. Así que proponlo: "Me gustaría escuchar lo que piensas y cómo te sientes sobre lo que dije". Fíjate que no dije: "Me gustaría escuchar tu versión". Hablar de "versiones" podría implicar que se trata de una batalla y que sólo uno de ustedes puede tener la razón. Invitar a la otra persona a expresarse implica que ambos quieren trabajar juntos.

Si está dispuesta a expresar su perspectiva, entonces hónrala escuchando. Quizá tengas que hacer un esfuerzo, tal vez realizar algunas respiraciones de relajación, para que puedas escuchar con una mente abierta sin lanzarte a discutir o adoptar una actitud defensiva. Con suerte, también abordará la conversación desde una posición de autenticidad e intencionalidad. Sin embargo, si se comporta de forma irracional o abusiva, o si te descubres padeciendo más del comportamiento que te llevó para empezar a buscar un cierre, entonces quizá tendrías que decidir terminar la conversación (y aceptar que tal vez no será posible tener el cierre que esperabas).

Paso seis:
Busca una manera de seguir adelante

El cierre que necesitas podría ser simplemente hablar sobre tus percepciones de lo que pasó entre los dos y cómo te sentiste. Desde luego, esto rara vez es simple. Tú hablas sobre lo que la otra persona necesita saber, tal vez ella describe sus reacciones y agrega sus propios pensamientos y sentimientos, y tú resuelves esas preguntas pendientes y atas los cabos sueltos: tu cierre. Sin embargo, seguramente una pregunta sigue flotando en el aire: "¿Ahora qué sigue?". O más directamente: "¿Qué quieres de mí?".

Un cierre puede cerrar una puerta y terminar una relación. O puede abrir la puerta a una forma de seguir adelante. Es posible que la conversación que viene después sólo sea sobre la decisión de separarse. O, con las cosas ya claras, es posible que sea sobre trabajar juntos para encontrar una forma de seguir adelante, haciendo acuerdos y promesas.

Sea como sea, tiene que ser establecido con claridad, como en estos ejemplos:

- "Después de lo que pasó entre nosotros, ya no creo que tengamos una relación, al menos no una que funcione para mí. Así que no puedo seguir con nuestra relación. Quiero que sepas por qué y que ojalá lo entiendas".

- "Oigo lo que dices sobre tus razones para hacer lo que hiciste. Pero tenemos que seguir trabajando juntos. ¿Podemos hablar sobre cómo hacerlo en el futuro?".

- "Somos familia. Eso no va a cambiar nunca. Pero sé que te lastimé y te hice enojar. ¿Puedes hallar en tu corazón la forma de perdonarme?".

Tu intención de buscar un cierre puede ser conservar tu relación, continuar de una manera emocionalmente más sana o productiva basada en un acuerdo sobre cómo uno de ustedes o ambos harán cambios. Si es así, un poco de estira y afloja será necesario. Hablar, escuchar, entenderse uno al otro. Si has sido honesto y específico sobre por qué buscas un cierre, y también has sido claro sobre lo que quieres, es muy posible que logren encontrar puntos en común. Un cierre puede abrir las puertas a trabajar con más ganas y más intencionalidad en tu relación.

Sé que esto es difícil si tienes mucho dolor emocional. Quizá tampoco sea fácil para la otra persona. Es posible que necesite tomarse algo de tiempo para digerir y considerar lo que has dicho. Tal vez esté sorprendida, enojada, lastimada o experimentando otros sentimientos que requieran tiempo para ser procesados. De ser así, ofrece retomar la conversación en algún momento posterior, cuando ya esté lista para hablar. Sin embargo, al mismo tiempo, no caigas en la trampa de buscar repetidamente un cierre como una forma de continuar una relación que en esencia se mantiene con vida artificial cuando debería ser desconectada.

Una vez dicho esto, el acto de describir tus percepciones de lo que ocurrió y cómo te hizo sentir puede ser el cierre que necesitas, sin importar cómo reaccione la otra persona. En ocasiones, sólo necesitamos sacarlo de nuestro sistema, y en el proceso de hacerlo también nos damos cuenta de que eso era todo lo que necesitábamos. Si es así, ya dijiste lo que tenías que decir. Fin de la conversación, y sigue adelante con tu vida.

No uses el cierre como un arma

No puedo concluir el tema de la conversación de cierre sin pedirte que consideres cómo podrías, intencionalmente o no, usar ese cierre como un arma contra alguien más.

Insistir en una conversación sobre cierre puede sentirse empoderante al principio. Llegas disparando y exigiendo que te pidan una disculpa, que te validen, que te entiendan. El problema es que la otra persona podría no verlo de ese modo. Así que forzar la conversación puede conducirte a más actitud defensiva, negación o franca necedad. Podrías encontrarte regresando a tener la misma conversación y hacer las mismas exigencias, y a seguir acabando con las manos vacías. Todo ese empoderamiento se desgasta con el tiempo, cuando comienzas a sentir que estás gritando en una cámara de eco y que sólo escuchas de vuelta la misma discusión de siempre. También considera que la otra persona podría sentirse acosada o incluso abusada. Tu necesidad de tener la razón podría estarle causando un profundo daño y desempoderamiento emocional.

Si te descubres intentando usar una conversación de cierre como una forma de probar que tienes la razón o de hacer que la otra persona se sienta mal, quizá necesites regresar al principio y analizar si tus intenciones se basan en un pensamiento incorrecto e irracional. Alejarte de allí podría ser una mejor forma de aprovechar el tiempo. Pero considera que, si le has causado a alguien dolor emocional, tal vez también tendrás que pedir perdón para ayudar a ambos a sanar.

A la inversa, ¿qué pasa cuando alguien te está pidiendo a ti un cierre? ¡Vaya, una sensación de poder! Finalmente estás en el asiento del conductor. ¿Cómo usarás ese poder? ¿Decidirás dejar a la otra persona sola con sus sentimientos? Considera tu motivación. Tal vez ésta es una puerta que no quieres volver a abrir. Tal vez ya conoces a esta persona y sospechas que podría tratarse de otro intento de manipulación o intimidación. Tal vez quieras infligir un castigo a alguien que crees que te ha hecho daño y que no merece un cierre. ¿O tal vez la escucharás, considerarás su perspectiva y le darás el cierre que puedas, y quizá también te des un cierre a ti? Puede ser que decidas que el asunto por el que la otra persona está buscando un cierre es uno que tú no quieres revivir, que es emocionalmente dañino para ti. Todo queda en tus manos.

La manera de evitar usar el cierre como un arma en cualquier situación es actuar con compasión. Haz caso a tus instintos. Protege tus propias emociones de ser lastimadas. Escoge la ruta que beneficiará más el futuro de tu relación con la otra persona o proporciona un final que pueda resultar en sanación mutua.

Comunicación no verbal, cierre sin palabras

Según mi experiencia, en mi propia vida y con mis clientes, hay muchas razones potenciales para no sentarse con alguien a conversar sobre un cierre. Es posible que te identifiques con alguna de estas razones. Quizá la otra persona suele ponerse a discutir, adoptar una actitud defensiva o incluso abusiva, y tú no quieres volver a pasar por eso. Por otro lado, tal vez temas que una discusión sobre cerrar podría ser perjudicial para ella. Tal vez estés sintiendo tanto dolor emocional que ni siquiera puedes imaginar tener que verbalizar cómo te sientes, y temes que te derrumbarás frente a alguien ante el cual no quieres derrumbarte. O tal vez simplemente se rehúsa a hablar contigo.

Pero no toda la comunicación es verbal, y no todos los cierres se encuentran hablando. En la segunda mitad de este capítulo abordaremos el cierre sin palabras: buscar un cierre cuando sentarse a tener una conversación es, por cualquier razón, imposible.

Cuando la gente habla de formas no verbales de cierre, con frecuencia escucho palabras de juicio. "¡Qué cobarde!". "¡Qué pasivo-agresivo!". "¡Eso fue tan frío!". A veces, esos juicios no son irracionales. Como cualquier intento de cierre, los no verbales pueden dejar más dolor y frustración a su paso.

Pero también tengo que decir esto: todos somos humanos. Todos tenemos limitaciones. Todos hacemos lo mejor que podemos, incluso si lo que hacemos está lejos del concepto que cualquiera tiene de "mejor". Todos estamos aquí, en el mundo, tratando de entender las cosas. Como consecuencia, a veces la comunicación no verbal es lo único que podemos hacer. Claro, un cierre sin palabras puede ser inefectivo y dejar tras de sí el dolor y la frustración de los cabos sueltos. Sin embargo, expresar tus intenciones de una manera profunda, trascendiendo los límites de las palabras que no tuviste a tu disposición, también puede ser sanador.

Un cierre sin palabras puede venir en muchas formas. Sospecho que, mientras analizamos algunas de ellas, recordarás ejemplos de cierres en tu propia vida que no tuvieron que ver con palabras habladas.

Una sonrisa, un ceño fruncido

Una mirada puede decirlo todo. A veces es lo único que necesitas para sentir un cierre. Otras veces es lo único que obtendrás.

Quizás has tenido la experiencia de pasar un mal momento con alguien. El dolor puede haber sido tan grande que tú o la otra persona simplemente no pudieron hablar de ello. No querías tener que repetirlo, revivir los recuerdos y las emociones. O tal vez los escuchaste, pero no tenías nada qué responder. Quizá también has tenido la experiencia de simplemente haberte cansado de hablar de algo.

¿Qué tal una sonrisa? Sonreír nos conecta con la otra persona. Dice: "Estamos bien". "Te entiendo". "Te perdono". Una sonrisa, si es sincera, puede sanar heridas. Pero ten presente que una sonrisa también puede ser triste. Puede significar que lo intentamos, pero debemos separarnos. Nuestro cierre es estar de acuerdo en no estar de acuerdo y seguir adelante. La relación fue buena cuando fue buena, y quedan los recuerdos de esta persona que siempre estimarás.

Otras expresiones faciales pueden tener un impacto distinto. Un ceño fruncido o una mirada de furia pueden terminar la comunicación. Pueden ser la cereza del pastel en un intento de cierre fallido o, bien, el remate de un cierre que fue exitoso, pero que dejó a uno de los dos o a ambos con sentimientos negativos. Un ceño fruncido puede decir: "Sí, hemos terminado el uno con el otro, y afortunadamente me he librado de ti". Puede hacer que el mensaje se refuerce y se cierre la puerta a futuros intentos. Una expresión en blanco puede tener el mismo resultado.

Un abrazo, una palmada

En el ámbito de la salud mental hablamos con frecuencia de la importancia de tocarse. Se puede transmitir tanto con un abrazo, una palmada en el hombro, un apretón de manos.

Piensa en la última vez que abrazaste a alguien. ¿Qué fue lo que te transmitió? "Me importas". "Te aprecio". "Entiendo". "No estoy de acuerdo contigo, pero estamos bien". "Te perdono". "Espero que me perdones". Abrazar a alguien puede ser una forma de tranquilizar a alguien después de que han tenido una conversación, de hacerle saber que todo está bien entre ustedes. Abrazar también puede ser una manera de decir adiós, temporalmente o para siempre.

Una palmada puede funcionar igual. Darle a alguien una palmada en la mano o en el hombro puede ser tan tranquilizador como un abrazo. Podrías darle una palmada a alguien al pasar, un pequeño gesto que puede significar mucho para los dos. Podrías darle una palmada a alguien cuando un abrazo no resultaría cómodo o apropiado, dependiendo de la relación que tengas con esa persona.

¿Alguna vez has estado en una situación de cierre en la cual simplemente no quedaba nada más por decir? Tal vez habían llegado a un punto muerto, ninguno de los dos iba a conseguir el cierre que habían esperado, no pudieron entenderse mutuamente o no estuvieron de acuerdo. Pero al mismo tiempo tampoco querías que ése fuera el fin de la relación. Si te ha pasado, es posible que hayas descubierto que un abrazo o una palmada en el hombro les dio a ambos el cierre cuando las palabras no estuvieron a la altura.

Por supuesto, la otra cara de transmitir un mensaje por medio de contacto físico es abofetear a alguien o causarle un daño físico. Existen demasiados ejemplos de intentos de búsqueda de cierre por medio de una cachetada en pleno rostro o un puñetazo en la nariz. Si no lo has experimentado en persona —y espero que no lo hayas hecho—, seguramente lo has visto en las películas. En una cultura de la ira, la gente intenta con demasiada frecuencia encontrar un cierre causando dolor físico y la humillación que eso conlleva. Puede sentirse bien en el momento, pero no es una manera saludable de encontrar un cierre, y los resultados rara vez son satisfactorios para ninguna de las dos personas en el largo plazo.

Ponerlo por escrito

Aunque muchos de nosotros hemos abandonado el arte de escribir cartas, parecemos haberlo reemplazado con los correos electrónicos y los mensajes de texto. He tenido muchos clientes, a lo largo de los años, que terminan una relación por mensaje de texto, incluyendo las discusiones sobre los porqués y los cómo que normalmente asocio con las conversaciones en persona. O estaban evitando reunirse o sentían que no lo necesitaban. En cualquier caso, textear fue suficiente. He visto que el correo electrónico se usa de la misma forma. A veces, el cierre se da por medio de muchos correos de ida y vuelta, otras veces llega con un solo correo bastante claro (o incluso, no tan claro).

Personalmente, creo que la comunicación electrónica es un pobre sustituto de juntarse y hablar las cosas en tiempo real. Hay una demora entre cada respuesta, especialmente con los correos electrónicos, aunque la gente también puede esperar un día o dos para responder un mensaje de texto. Algunas personas escriben mejor que otras y son mejores para expresar sus pensamientos y sentimientos. El tono de la voz y la expresión facial están ausentes, lo que puede llevar a hacer suposiciones incorrectas y puede, sin querer, dirigir la conversación hacia un rumbo que es potencialmente destructivo.

Sin embargo, también entiendo que una conversación en persona no siempre es posible. Así que, si vas a intentar conseguir un cierre por medio del correo electrónico, te recomiendo una breve y clara síntesis de tus intenciones, de lo que experimentaste y de cómo te sientes. La palabra escrita puede ser poderosa. La otra persona podría entender leyendo, y releyendo, cosas que tal vez no habría entendido en una conversación. La gente no siempre escucha si está a la defensiva y planeando su réplica. Cuando lee, tiene el tiempo de digerir y ordenar sus reacciones. En ese sentido, los mensajes de texto y los correos electrónicos pueden ser beneficiosos.

Sin embargo, debes estar preparado para lo que sea. Por las razones que ya mencioné, es posible que recibas una respuesta totalmente inesperada, lo que te obligará a intentar replantear la discusión o reparar el daño. Lo más probable es que el cierre que esperaba tenga menos posibilidades de lograrse. Además, según mi experiencia con los mensajes de texto y el correo electrónico, cada persona quiere tener la última palabra, aunque sean palabras amables. Por lo tanto, tu intento de cierre puede dar lugar a una retahíla de palabras potencialmente airadas. Esto puede tener el efecto de introducir más toxicidad a tu vida cuando esperabas justo lo contrario.

Por otra parte, bloquear el número o la cuenta de alguien es posible en el mundo virtual, cosa que no sucede en el mundo *offline*. Si la otra persona decide bloquearte, es muy posible que te sientas *más* incomprendido, maltratado, faltado al respeto o cualquier otra cosa que estuvieras sintiendo, sin oportunidad de reanudar la comunicación. Podrías sentirte peor que antes.

Y una cosa más. Los mensajes de texto y los correos electrónicos son registros permanentes. Pueden ser compartidos de una persona a otra, de modo que tu asunto puede terminar siendo público de formas que no desearías, y tus palabras podrían volverse en tu contra.

La carta a la antigua usanza también puede ser eficaz. Poner en orden tus pensamientos en una carta, al igual que en la comunicación electrónica, puede ayudarte a aclarar cómo te sientes, primero para ti y luego para la otra persona. Puede que recibas una respuesta, o puede que no. En lo personal, creo que lo mejor es utilizar una carta para poner fin a la comunicación, para lograr un cierre en el que tú expreses por fin cómo te sientes y qué quieres y qué no. Lo más probable es que ni tú ni la otra persona comiencen a intercambiar cartas, aunque si ésa es tu intención, una carta te puede servir para eso. Como ocurre con la comunicación electrónica, las cartas (y las fotos de las cartas) pueden compartirse entre amigos, así que asegúrate de que no tienes problema con esa posibilidad.

Devolver las posesiones

Todos vinculamos recuerdos a nuestras posesiones. Yo ciertamente lo hago. Si miras alrededor en tu casa, quizás encuentres varios objetos que te fueron obsequiados por alguien que es, o era, importante para ti. Si tuviste un desencuentro con esa persona, ¿querrías acordarte de ella cada vez que veas las cosas que te regaló? Podrías conservarlas si tienen valor para ti, incluso si la relación ya no existe. O podrían ser un triste recordatorio de alguien que perdiste, ya sea por una desavenencia o por la muerte. Si estuvieras lo suficientemente enojado con esa persona, o dolido, o decepcionado, y quisieras hacérselo saber, también podrías considerar devolverle dichos objetos.

Déjame contarte una historia. Una amiga mía, Keisha, finalmente había admitido que su amiga de mucho tiempo, Nadine, era una narcisista. Nadine llamaba constantemente a Keisha para hablar de sus propios problemas, de sus relaciones, de sus niños, sin ofrecer ningún apoyo a cambio. A veces, estas conversaciones duraban horas. Keisha finalmente decidió que había tenido suficiente. Llamó a Nadine y le dijo que ya no podía seguir en contacto con ella. Nadine simplemente le colgó. Sin ninguna disculpa, sin pedirle una explicación, sin ningún intento de arreglar la amistad. Sólo silencio.

Pocos días después, Keisha recibió por correo una gran caja. El envío era de Nadine, así que por curiosidad y por los viejos tiempos, quiso ver lo que había dentro. Cuando abrió el paquete, vio que su examiga le había devuelto casi todos los regalos de cumpleaños que

Keisha le había dado a lo largo de los años. Ninguna nota, ninguna explicación. Pero al mismo tiempo, no se necesitaba ninguna explicación. Keisha había buscado su cierre diciéndole por qué ya no podía seguir en contacto con ella, y Nadine había buscado el suyo enviándole una caja con viejos regalos de cumpleaños, con cargo al destinatario. Nadine quizá sintió la fugaz excitación de la venganza, no un verdadero cierre, pero aunque Keisha estaba decepcionada, este acto ató los cabos sueltos para ella. Entendió que el frágil ego de su amiga había sido lastimado y que había tomado la decisión correcta al alejarse de ella.

¿Recomiendo esta manera de abordar el cierre por encima de sentarse a tener una conversación? En realidad, no. Pero también entiendo que, a veces, una puerta necesita cerrarse y que hacemos lo mejor que podemos para cerrarla.

Silencio

En mi trabajo, tengo muchas conversaciones con clientes que hablan de buscar un cierre por medio de la ley del hielo. "Le mostraré a mi pareja que ya no puede tratarme de ese modo. Dejaré de hablarle por unos días". "Después de lo que me hizo, decidí no volver a hablarle. Corté toda comunicación". "Supongo que ya no quiere verme. Se esfumó".

Las conversaciones sobre cerrar suelen no ser sencillas, como ya lo he dicho antes. Es parte de la naturaleza humana, cuando faltan las palabras, quedarse en silencio. ¿Cuáles son las razones de ese silencio? Tal vez estás tan enojado o triste que simplemente no puedes ponerlo en palabras. Tal vez temes que la otra persona no pueda o no vaya a entender. Es posible que tus emociones se estén desbordando y quieras evitar un potencial derrumbe. Sin embargo, como quizá ya lo has experimentado en tu propia vida, el silencio es con demasiada frecuencia una manera de castigar a la persona.

El silencio no siempre es oro. Cortar la comunicación deja una sensación de incompletud. En ausencia de información, nuestra mente crea una historia para nosotros, a menudo con el peor escenario. En tu silencio, la cámara de eco de tu mente puede recrear la situación que derivó en ese silencio. Los recuerdos pueden volverse borrosos y, por consecuencia, hay que reimaginarlos. Los hechos pueden cambiar. Tus razones para guardar silencio pueden transformarse. Puedes descubrirte reviviendo eventos del pasado o ensayando una conversación con la persona de quien buscas un cierre.

Con esto no quiero decir que no puede ser útil hacer una pausa y darse uno al otro algo de espacio antes de volver a juntarse y resolver las cosas hablando. No obstante, entre más dure el silencio, se vuelve menos probable que encuentres el cierre que buscas con esa persona. El resultado es una oportunidad perdida —para el crecimiento personal y la sanación, para cerrar un capítulo y que puedas empezar uno nuevo, o para reparar una relación y que puedas seguir adelante.

Una vez dicho esto, hay que recordar que la mejor manera de lidiar con el abusón de la escuela es alejarse. A veces, el silencio es tu mejor, o tu única, opción. Si no puedes obtener un cierre de una forma que te beneficie y no te abra nuevas heridas, es hora de alejarse.

Actos de bondad

Un escenario en el cual definitivamente no puedes encontrar un cierre por medio de una conversación es cuando un ser querido muere. Pero eso no significa que el cierre sea imposible. A menudo platico con mis clientes sobre encontrar un cierre honrando el legado de un ser querido que falleció por medio de actos de bondad. Tal vez ya has tenido esta conversación tú mismo. Puedes honrar la memoria de alguien de muchas formas. Puedes donar a una institución de caridad que tu ser querido valoraba o que beneficia a una comunidad de la cual él era miembro. Puedes crear un evento o una beca en su honor. O puedes simplemente elegir ser más bondadoso como una forma de emular la bondad que recibiste de tu ser amado. Ésta es otra forma de ayudarte a encontrar un cierre mientras afrontas tu duelo, de darle un sentido a tu pérdida.

Los actos de bondad también pueden proporcionar un cierre en otras situaciones. Tal vez sientas culpa o vergüenza por algo que hiciste. Quizá no fuiste capaz de recibir el perdón de la persona que lastimaste y sientes que tienes la necesidad de hacer algún tipo de acción positiva para lograr el cierre. O quizá no lastimaste a nadie directamente, pero aun así te sientes mal por alguna de tus acciones pasadas. Es posible que tengas recuerdos entrañables de alguien que te tocó de algún modo, en el trabajo o en tu comunidad, y a quien no tuviste la oportunidad de agradecerle como era debido. Realizar un acto de bondad pagando a la comunidad un favor que tú recibiste puede ayudarte a obtener un cierre de una manera profunda y significativa. Podría incluso abrirte las puertas a nuevas conexiones y a la autoexpresión, a un nuevo capítulo que no esperabas.

EJERCICIO: PRACTICA LA CONVERSACIÓN DE CIERRE

Piensa en alguna situación actual de tu vida que presente una oportunidad de encontrar un cierre con otra persona. Revisa todos los pasos en la sección "Ten la conversación" y anota en cada uno lo que le podrías decir a esa persona. (Recuerda, el propósito de este ejercicio es planear lo que intentas decir, no ensayar lo que esperas o deseas que pase.) Ahora, date un tiempo para ordenar los sentimientos que te surgieron mientras trabajabas en los pasos de la conversación. Pregúntate:

- ¿Tengo claras mis intenciones, de modo que pueda declararlas y sentirme cómodo al estar hablado con sinceridad?
- ¿Cuánta confianza tengo en que la otra persona será capaz de responderme como espero que lo haga?
- ¿Identifiqué algún paso que pudiera ser especialmente incómodo para la otra persona o para mí? ¿Hay algo que pueda hacer o decir que nos ayude a ambos a sentirnos más cómodos y abiertos?
- ¿Cuánta confianza tengo en que podré estar abierto a lo que la otra persona tiene que decir, en que podré escucharla sin intentar forzarla a responder como yo quiero que responda?
- Ahora que me he tomado un tiempo para ser más específico en lo que quiero decir, ¿estoy listo para esta conversación? ¿Aún siento que será beneficiosa, o es momento de alejarme del cierre?

Reflexión final: ¡tú puedes!

Es difícil pedir algo que quieres y necesitas. Significa tener que abrirte, ser vulnerable con otra persona, exponerte, pedir ser escuchado y, con suerte, comprendido. Eso puede ser demasiado.

Podría ayudarte a superar cualquier hesitación el considerar los beneficios de dejar que la otra persona sepa cómo te sientes y por qué, de asumir la responsabilidad de tus pensamientos y sentimientos. Al expresarte, ya no tendrás que guardar todo eso dentro de ti. Ya todo habrá salido. Finalmente. Eso puede ser empoderante.

Claro, podrías no recibir el cierre que quieres. Podrías no ser comprendido. Podrías sentir que hablas con la pared. Podrías experimentar más de lo que te movió a buscar un cierre, dirigido contra ti.

Pero ¡ten valor! ¿Qué significa valor? Ser compasivo al mismo tiempo que honesto y directo. Decir lo que tienes que decir. Escuchar las verdades que quizá no quieres escuchar. Estar dispuesto a

buscar puntos en común, si es que puede encontrarse alguno, y a
aceptar cuando no se pueden encontrar porque la otra persona no
está dispuesta a ayudarte a buscarlos. Valor también significa aceptar cuando es tiempo de retirarse, lo cual comentaremos más ampliamente en la parte 4.

CAPÍTULO 10

Evalúa

Después de intentar alcanzar un cierre, te queda una pregunta: ¿cómo resultó? Ahora que hemos cubierto cómo prepararte para la conversación de cierre en el capítulo 8, y la conversación en sí en el capítulo 9, es hora de evaluar los resultados de la conversación.

¿Recibiste el cierre que pensabas que querías y necesitabas? ¿Recibiste el cierre de una forma que no esperabas? ¿O tu esfuerzo por encontrar un cierre fracasó?

Antes de responder, da un paso atrás y repasa la conversación como si volvieras a ver una grabación de video: lo que dijiste, lo que la otra persona dijo y dónde terminaron. Si la conversación fue tan dolorosa que ni siquiera deseas volver a pensar en ella, emplea algunas técnicas de *mindfulness*. Realiza algunas respiraciones de relajación y luego visualiza la conversación basándote en tu recuerdo de cómo transcurrió. Podrías incluso considerar escribir sobre ella; eso puede ayudarte a recordar.

Mientras consideras si recibiste tu cierre o no, mantén el foco puesto en ti. Sé que no siempre es fácil hacerlo si te sientes perseguido por las emociones que la otra persona expresó, sin embargo te recomiendo que te concentres en tus propias reacciones, no en las suyas.

¿Qué te dice tu mente racional sobre la experiencia? Objetivamente, ¿crees que tuviste un cierre? Por otro lado, toma tu temperatura emocional. ¿Sientes en las entrañas que obtuviste lo que necesitabas de esta conversación? Si tus emociones están a flor de piel, tal vez necesites sentarte con ellas un rato antes de poder evaluar el resultado con mayor precisión. Este capítulo te ayudará a ordenar tus pensamientos y sentimientos, a tener algo de perspectiva y a determinar si has podido conseguir el cierre —y lo que viene después.

¿Cómo te sientes?

Los humanos son seres emocionales. Seguramente, una de las grandes motivaciones para buscar un cierre fue ayudarte a afrontar los sentimientos difíciles o, para decirlo de otro modo, para sentirte mejor. Lo más probable es que tus sentimientos estuvieran entretejidos con tu intencionalidad —no necesariamente por decisión propia, pero ciertamente influyeron, consciente o inconscientemente. A continuación, te presento algunos de los sentimientos de los que mis clientes suelen hablarme y que yo mismo he experimentado. Repasarlos puede ayudarte a identificar tus propios sentimientos.

- **Felicidad:** es muy probable que sientas felicidad si alcanzaste con éxito el cierre que querías. Dijiste lo que tenías que decir. La otra persona escuchó, pareció entenderte sinceramente, y reaccionó de la forma que necesitabas que reaccionara. Ahora, éste ciertamente es el cierre ideal, pero no es que sea el más común de los resultados, al menos según la experiencia de mis clientes y la mía. Aun así, podrías sentirte feliz por otras razones, como el finalmente haberte permitido expresar tu enojo.

- **Tristeza:** platicar con alguien sobre encontrar un cierre puede ser una experiencia triste. Hablar de problemas pasados puede significar volver a vivir los viejos sentimientos de tristeza, por ejemplo. Además, la conversación hará surgir emociones en la otra persona. Si ella reacciona mal y tú no logras el cierre, podrías sentirte triste por eso. Si ella reacciona con tristeza, tú también podrías sentirte triste, incluso si lograste el cierre. También puedes sentirte triste cuando el cierre implicar terminar una relación, cambiar la forma en la que interactuarás con alguien en el futuro o reconocer la terminación de una vida. Los finales no siempre son finales felices, incluso cuando nos es posible atar los cabos sueltos.

- **Enojo:** como la tristeza, el enojo puede venir desde dentro o puede ser una respuesta a cómo se siente la otra persona. El proceso de buscar un cierre puede ser el momento en el que finalmente te permites sentir toda esa ira que has estado reprimiendo. La ira puede salir a la superficie cuando le cuentas a la otra persona lo que has padecido en tu relación y que ha terminado por llevarte a este punto. Si se expresa de manera adecuada, el enojo puede ser liberador. Sin embargo, también puedes experimentar enojo como resultado de la manera en que la otra persona se comporta durante la conversación; por ejemplo, que se niegue a reconocer tus sentimientos, que intente manipularte, que ella reaccione primero con ira, etcétera.

- **Miedo:** puede ser que te retires de la conversación de cierre temiendo haber lastimado emocionalmente a la otra persona, o con miedo de cómo pueda reaccionar (o peor, tomar represalias) más adelante. Quizá te retires temeroso de tu propio comportamiento y lo que dice sobre ti —la forma en que dejaste salir tu ira, las cosas que dijiste, los pensamientos que tuviste. ("Vaya, no sabía que traía eso dentro de mí".) El miedo es difícil de manejar, y puede motivarte a regresar y buscar el cierre una segunda vez. Pero como tal vez ya lo has experimentado en otras áreas de tu vida, actuar por miedo no suele conducir a resultados productivos o beneficiosos para ti o la otra persona.

- **Culpa/vergüenza:** los sentimientos de culpa y vergüenza suelen envolver a otras emociones tras una conversación de cierre. La ira puede acarrear una sensación de vergüenza. ("¿Por qué dije eso?".) Podrías sentir algo de culpa si estás feliz y la otra persona no. Podrías sentir vergüenza de lo asustado que te sentías. ("¿No soy más valiente que eso?".) Sin embargo, la culpa y la vergüenza también pueden surgir por sí mismas. Pueden derivar de la autocrítica o de la sensación de que no mereces sentir el cierre, especialmente si te presionaste para salir de tu zona de confort para tener la conversación o si estás acostumbrado a sentirte como una víctima. La vergüenza puede ser inmediata, pero también puede aparecer con el tiempo a medida que tus propios sentimientos emergen y te das cuenta de cómo está reaccionando la otra persona.

- **Frustración:** si la conversación no resultó como querías, puede que sientas simple frustración. La demás gente no siempre se comporta como quisiéramos. Quizás esta persona se rehusó a hablar sobre lo que tú necesitabas hablar. O se negó a escucharte. O no te entendió. O te hizo parecer como el malo para absolverse a sí misma de la responsabilidad. Y podríamos seguir. El peligro aquí es que esta frustración puede llevarte a más intentos de cierre, causándote más desempoderamiento y haciéndote más infeliz.

- **Alivio:** el alivio es una emoción común cuando una conversación de cierre sale bien, pero mis clientes a menudo hablan de cómo el puro hecho de haberlo intentado les proporcionó una sensación de alivio, aunque no fuera todo lo que esperaban. Podrías sentir alivio porque te afirmaste a ti mismo, te abriste con tus sentimientos y le hiciste saber a alguien cómo era ser tratado de la manera que te trató a ti. Al menos lo sacaste. Y como habíamos dicho antes, obtener un cierre puede significar resolver tus ambigüedades, incluso si no estás precisamente feliz con el resultado. Obtener ese tipo de cierre, aunque no sea lo ideal, puede darte una sensación de alivio porque ya puedes dejar de obsesionarte con esa situación y seguir adelante con tu vida.

Si tienes dificultades para identificar tus sentimientos, date algo de tiempo. Siempre que tengas un encuentro emocional con otra persona puede ser útil tomarte un tiempo para recuperarte. Con una conversación de cierre no es distinto. Sobre todo, sé paciente contigo y muéstrate compasión. Y no pases por todo esto solo. Reúne a tu equipo de apoyo. Háblalo. Grítalo. Lloralo. Siéntate con las personas de tu vida en las que confías, las que te conocen, las que te apoyan. En el proceso de explicar una situación para que alguien que no es parte de ella pueda entender lo que pasó y lo que significó para ti, acabas también por replantearla mejor para ti mismo. (¡De hecho, ése es uno de los beneficios de la terapia conversacional!)

¿Qué estás pensando?

Nuestras emociones están íntimamente relacionadas con nuestros pensamientos, por lo que, conforme examinamos lo que estamos sintiendo, también tenemos que examinar lo que estamos pensando. Ten en cuenta que estoy utilizando la palabra *pensamientos* como un término general para incluir no sólo tus pensamientos específicos, sino también tus percepciones, tus creencias, tu visión del mundo.

Todos tenemos creencias que hemos internalizado a lo largo de nuestra vida y que son producto de nuestro origen familiar, nuestra comunidad, nuestra cultura. Algunas nos causan dolor; otras son grandes fortalezas.

Supón que inicias una conversación de cierre que no resulta tan bien como esperabas y te quedas con sentimientos que cualquiera tendría en tu lugar: enojo, tristeza, frustración. Considera qué pensamientos podrían surgirte a la par y con relación a estos sentimientos, consciente o inconscientemente. Éstos son algunos ejemplos de pensamientos irracionales y autodestructivos que suelo encontrar en mis clientes.

- "Esto siempre me pasa a mí. Otra vez fui malinterpretado y me faltaron al respeto".
- "La otra persona sabía que yo iba a mencionar eso y ensayó su ataque para poder ganarme".
- "Tendré que tragarme mis sentimientos y sentirme terrible por esto para siempre".
- "Otra vez una persona tóxica me está haciendo sentir miserable; la historia de mi vida".
- "Verdaderamente, las personas son crueles en esencia, como si necesitara más pruebas".
- "De vuelta al inicio. ¡La próxima vez, seré el primero en atacar!".

Pensamientos como éstos son básicamente nubes oscuras que llevas encima del hombro, esperando una oportunidad para lloverte encima. Tú no *tratas* de tenerlos. Son el resultado de tu educación, de tu configuración personal básica y de las experiencias que has tenido a lo largo de los años, entre otros factores. No necesariamente analizas estos pensamientos o los formas racionalmente; ellos surgen y te ayudan a interpretar la situación en la que te encuentras. Por desgracia, con frecuencia sólo te "ayudan" a sentirte peor. Los profesionales de la salud mental nos referimos a ellos como creencias irracionales, pensamientos que no necesariamente se basan en la realidad, sino que han sido programados en tu cerebro a lo largo de los años.

Tratar de encontrar un cierre con alguien basándote en una creencia irracional sobre ti te condena a la frustración, la decepción y el desempoderamiento. Cuando mis clientes están luchando contra las creencias irracionales que no dejan de brotar para distorsionar sus percepciones, provocarles sufrimiento emocional e interferir con su paz mental, yo les recomiendo que lleven esas creencias a una corte imaginaria.

¿Cómo funciona? Piensa en una creencia potencialmente irracional que puedas tener mientras buscas tu cierre. Luego, imagina que estás en una sala de tribunal, siendo arengado por un desagradable fiscal que te acusa de una de tus creencias autodestructivas; por ejemplo: "Nunca consigues lo que quieres" o "Nunca nadie te amará". Finalmente, tu abogado defensor interviene, "¡Objeción! ¿Qué evidencia hay de eso? ¿Mi cliente nunca ha sido amado en su vida, ni una sola vez? ¿Mi cliente nunca, ni una vez, ha obtenido lo que deseaba? ¿De verdad? Esas acusaciones no tienen fundamento. ¡Son creencias irracionales!".

Tómate un momento y considera tu creencia autodestructiva desde esta perspectiva. ¿Absolutamente siempre es verdad? Y una pregunta más importante: ¿es posible que no siempre tenga que ser verdad?

El juez interviene en este punto: "Por falta de evidencia, se desestima el caso. Todos pueden retirarse".

Diviértete un poco con esto, pero date el tiempo para contestar ampliamente las preguntas de tu abogado defensor. ¿Cuál *es* la evidencia? ¿Es posible que la palabra *a veces* sea más precisa que las palabras *siempre* o *nunca*? ¿Y es posible que, con algo de trabajo de tu parte, puedas hacer que este ciclo se detenga?

Si tu necesidad de cierre se basa en una creencia irracional como las anteriores, el siguiente paso es preguntarte: ¿qué espero lograr con el cierre? ¿Estoy tratando de obtener un cierre como una forma de probar o refutar una creencia irracional? Si es así, esencialmente le estás pidiendo a otra persona que te libere de tu propia autocrítica interna, lo que quizá significa que te estás encaminando al desempoderamiento, a la falta de crecimiento y a más dolor emocional.

Según mi experiencia con mis clientes, con demasiada frecuencia nuestros pensamientos son críticos, sentenciosos, enfocados en lo que está mal en lugar de lo que está bien. Pero nuestras creencias y percepciones no tienen por qué ser negativas. También tenemos pensamientos que nos estimulan, que son autoafirmantes, que nos ayudan a ver el lado bueno, que nos llevan a decidir que el vaso está medio lleno y a seguir adelante. Sí, estas creencias, también conocidas como creencias racionales, pueden ayudarnos a lograr el cierre y a experimentar una sensación de satisfacción, o al menos de aceptación y de confianza para alejarnos del cierre.

El poder de la mente racional

Entonces, ¿qué se supone que debemos hacer para ayudarnos a lograr un cierre si no podemos confiar en nuestros propios pensamientos y sentimientos? Comencemos con esto: tú no eres tus sentimientos; sólo son sentimientos. Tú no eres tus pensamientos; sólo son pensamientos. ¡Lo que es confiable es tu mente racional!

La mente racional es un concepto utilizado en diferentes escuelas de pensamiento, desde el budismo hasta la psicología occidental; yo me familiaricé con él mientras estudiaba la terapia racional emotiva conductual (TREC), en el Albert Ellis Institute. Puedes visualizar la mente racional como si estuviera sentada encima de tus pensamientos y sentimientos, lo cual te ayuda a ordenar ambos. La mente racional te permite identificar los sentimientos que estás experimentando y darles un nombre: enojo, tristeza, miedo. Te ayuda a identificar que los pensamientos están provocando las emociones que estás sintiendo: tal pensamiento lleva a tal emoción. La mente racional ayuda a evaluar si esos pensamientos son realistas y productivos, si promueven tu autoestima, si te ayudan a ser bondadoso contigo mismo... o si sólo se ocupan de crear los peores escenarios posibles, de criticarte y de hacerte sentir como una víctima.

Ahora bien, la mente racional también puede, en última instancia, ayudarte a ver dónde tenía razón la otra persona, o dónde tus reacciones, incluso tu necesidad de cierre, estaban basadas en percepciones equivocadas de la situación o en creencias irracionales. La mente racional puede ayudarte a decidir que, si bien no recibiste el cierre que habías esperado, sí recibiste un cierre, aunque sólo haya sido porque fuiste capaz de decir cómo te sentías, sin importar cómo reaccionó la otra persona. Y tu mente racional puede ayudarte a determinar que no, no recibiste un cierre, y que es hora de seguir con tu vida en otra dirección.

La mente racional no siempre nos da la conclusión que hubiéramos preferido. Pero puede salvarnos de quedar estancados en el enojo, el resentimiento y el odio.

EJERCICIO: PONER EN FUNCIONAMIENTO LA MENTE RACIONAL

¿Cómo pones en funcionamiento la mente racional? Primero, vete solo a algún lugar donde puedas pensar y sentir sin distracciones. Haz algunas respiraciones de relajación: ésta es una excelente manera de despertar tu mente racional, pues te ayuda a calmar tus emociones y pensamientos confusos y a acceder a un espacio mental donde puedas ordenarlos con mayor efectividad. Después, imagínate parado fuera de ti, observando a esa persona que está intentando escapar del fango de los pensamientos y los sentimientos desordenados. Hazte algunas preguntas:

- ¿Qué estoy sintiendo? Nombra los sentimientos.
- ¿Qué pensamientos tengo sobre lo que sucedió?
- ¿Cómo se conectan esos pensamientos con cada una de esas emociones?
- ¿Tengo creencias sobre mi lugar en el mundo que son racionales y fomentan mi bienestar emocional? ¿Tengo creencias sobre mi lugar en el mundo que no son racionales y, en consecuencia, me roban la paz mental?
- Y finalmente: si éstas no son evaluaciones racionales y realistas de la situación, ¿estoy repitiendo pensamientos y sentimientos que con frecuencia me surgen en las situaciones difíciles?

Si no lograste el cierre

Como había dicho previamente, a los seres humanos no les gustan los cabos sueltos. Si intentamos un cierre y no tenemos éxito, nos quedamos con un nuevo conjunto de cabos sueltos. "¿De verdad dijo eso?". "¿De verdad hizo eso?". "¿Que piensa qué?". Esto puede ser difícil de aceptar. Tanto así que, de hecho, podrías sentirte tentado a volverlo a intentar.

Es parte de la naturaleza humana querer tener la última palabra. Todos hemos tenido momentos en que nos hemos sentido de ese modo, que hemos fantaseado con ello, que lo hemos ensayado. Puede ser que, al repasar tu conversación de cierre, identifiques dónde bajaste la guardia, o qué fue lo que tenías que haber dicho, pero no pudiste decir. Pero ten cuidado con la vocecita en tu cabeza que te susurra: "Ahora sé que lo que *realmente* necesito decir son palabras airadas que habrían puesto a la otra persona en su lugar o palabras más amables que habrían descrito mejor mis sentimientos".

Si éste eres tú, no hace falta que te critiques. Es una reacción normal. Pero seguir ese impulso no suele conducir al cierre. Si te descubres haciendo estrategias sobre cómo tener la última palabra, podrías estarte dirigiendo a una trampa. Cuando necesitas tener la última palaba, te arriesgas a:

- Tratar de tener la razón cuando la otra persona sólo va a insistir en que ella tiene la razón. Ésta es una situación en la que todos pierden y que muy probablemente va a dejar agitados todos esos sentimientos incómodos.

- Tratar de tener la razón cuando quizá todavía no estás listo para entender el punto de vista de la otra persona. Tal vez haya allí una lección que podrías aprender sobre ti mismo, pero han ocurrido tantas cosas entre ustedes dos que ya están más allá del punto en que son capaces de llegar a un entendimiento mutuo que podría acarrearles un crecimiento a los dos.

- Quedar atrapado en tratar de controlar cómo responde la otra persona a tu intento de cierre, dejándote con el deseo de hacerlo bien la próxima vez, como si, para empezar, tuvieras el poder de controlar las reacciones de otra persona.

- Abrir la puerta a la creación de una competencia de ojo por ojo que podría derivar en un enfrentamiento de rencor y venganza. ¿De verdad necesitas traer esta toxicidad a tu vida?

Nada de esto te hará estar más cerca de un cierre duradero y saludable. Por el contrario, quedarás atrapado en un ciclo de intentar el cierre "una vez más" (hasta que vuelvas a fallar, y entonces una vez *más*).

Un proceso de pensamiento similar a menudo se presenta en forma de dudas persistentes sobre cómo transcurrió la conversación. Si la conversación resultó bien en lo general o no, tal vez no transcurrió como un guion de cine, porque esto no es una película, sino la vida real. En especial, si no lograste el cierre que querías, podrías estar plagado de dudas sobre lo que tenías que haber dicho o hecho de manera distinta y que tal vez te habría producido un resultado distinto.

¿Dijiste lo que tenías que decir, basándote en tus intenciones de buscar un cierre? ¿La otra persona entendió? ¿Respondió de la manera que deseabas que lo hiciera? ¿Respondió de alguna de las otras maneras que también pensaste que podían ser posibles?

Si respondiste que sí a la primera pregunta —lo que significa que te fue posible decir lo que tenías que decir—, entonces hiciste lo mejor que pudiste. La forma en que reaccionó la otra persona está fuera de tu control. Así que deja descansar esas dudas persistentes y sigue adelante por un camino distinto.

¿Qué sigue en tu relación?

Ya sea que sientas que de verdad alcanzaste un cierre o no, una conversación sobre cerrar tendrá un efecto en tu relación con la persona en cuestión. El efecto podría ser terminar la relación, por difícil que sea. Si vas a continuar con la relación, eso conlleva sus propios retos. Tal vez necesites tomarte algo de tiempo para implementar cuidadosamente los cambios que ambos decidieron realizar, dándose mutuamente el espacio necesario para hacerlo.

Recorrer el camino del cierre con una pareja o un amigo es, por supuesto, complicado. Ambos tienen decisiones que tomar respecto de lo que necesitan hacer para proteger su propia salud emocional, así como la salud de su relación. Pero sí tienen opciones.

Las opciones disponibles en otros tipos de relaciones pueden ser más limitadas. En el trabajo, a menos que renuncies a tu empleo, podrías tener que seguir en contacto con el individuo con quien buscaste un cierre o no pudiste encontrarlo. Con suerte, encontrarán una manera de interactuar que les permitirá seguir adelante. Así mismo, los miembros de tu familia siguen siendo tu familia; nada cambiará eso. Si deciden cortar todo contacto —y a veces es necesario en una familia tóxica—, la naturaleza de su relación se modificará, pero debido a los familiares en común, podrían no ser capaces de evitar interactuar por completo. Si no cortan todo contacto, también necesitarán encontrar una manera que les permita seguir adelante a los dos.

Cambiar la dinámica de las relaciones personales no sucede de la noche a la mañana. Se hace día con día, a través de la prueba y el error, y de ser fiel a tu intención original (la palabra intención otra vez). Recuerda: paciencia y compasión, para ti y para la otra persona.

¿La otra persona está bien?

A veces, lo que obtenemos cuando buscamos un cierre es demasiado de lo que pensábamos que sería bueno. Tal vez querías que la otra persona admitiera que se había equivocado y se disculpara contigo, pero no necesariamente querías verla derrumbarse, incapaz de articular palabra o suplicando perdón. Si esto sucede, podrías tener la experiencia de dejar atrás una conversación de cierre con algunos sentimientos pendientes de culpabilidad y vergüenza. El ejemplo que se me viene primero a la cabeza es una ruptura romántica, pero esto puede pasar en todo tipo de situaciones: terminar una amistad porque la otra persona está demasiado ensimismada y luego descubrir que la relación le importaba más de lo que creías, o hacerle saber a un compañero de trabajo que ya no lo cubrirás y luego enterarte de que está en libertad condicional y, por lo tanto, desesperado por conservar su empleo.

Ten cuidado de a dónde pueden llevarte la culpa y la vergüenza. Tratar de resolver estos sentimientos puede llevarte de vuelta a los problemas originales de la relación, con un intento de "compensar" a la otra persona que resulta en las mismas interacciones poco saludables que provocaron la necesidad de cierre en primer lugar. Es como prepararte a recibir más castigo para resolver tu culpa y tu vergüenza, como una forma de reemplazar los sentimientos originales que la relación te generó.

Por lo tanto, usa tu mente racional. Analiza tu culpa y tu vergüenza, y todos los pensamientos y percepciones que te surjan. Piensa en cómo podrías ayudar a un amigo en una situación semejante, qué le preguntarías, qué consejo le darías. Y piensa cuál podría ser una respuesta compasiva —compasiva contigo, al igual que con la otra persona.

Tal vez decidas que una breve llamada o una nota con unas cuantas palabras como "Espero que estés bien" o "Te deseo lo mejor" sea lo más amable por hacer. Podrías alentar a la otra persona a buscar el apoyo que tú no puedes darle sin poner en riesgo tu propio bienestar emocional. Pero no olvides que volver a involucrarte *no* suele ser lo mejor luego de que has conseguido un cierre con alguien, a menos de que el cierre que conseguiste haya abierto la puerta a mejorar, e incluso profundizar, tu relación. Si el cierre significa cerrar una puerta, es aconsejable *no* volver a involucrarte al punto de que corras el riesgo de volver a agitar las cosas. A veces, la cosa más compasiva por hacer en estos casos es darle a la otra persona la libertad de experimentar sus propios sentimientos y permitirle confiar en su resiliencia y sus propios recursos sin intervenir para tratar de arreglarlos, lo cual podría ser, en última instancia, desempoderante para ambos.

Busca la lección

Cuando atraviesas por una experiencia emocional, siempre te queda un regalo, aunque puede ser que no lo veas como tal en el momento. El regalo viene en forma de una lección. Si estás abierto a recibirlo, aprenderás algo sobre cómo piensas, sientes y te comportas. Aprender sobre los botones emocionales que pueden ser fácilmente presionados por la gente y las situaciones. Aprendes más sobre lo que quieres y lo que no quieres en la vida, así como de lo que quieres y no quieres en la gente a la que le permites ser parte de tu vida. Aprendes qué hacer y qué no hacer para obtener lo que necesitas. Y para bien o para mal, aprendes más sobre lo que puedes y no puedes esperar de las personas.

El acto de buscar un cierre puede ser una lección en sí mismo. Aprendes por qué estabas en la posición de querer un cierre con otra persona. Qué fue lo que te llevó allí. Qué contribuyó a la situación y quiénes más contribuyeron.

Estas lecciones pueden ser duras, pero son invaluables. La vida te ha regalado otra oportunidad de crecer.

EJERCICIO: ANALIZA TUS CREENCIAS RACIONALES

He hablado mucho sobre las creencias irracionales en este capítulo, pero también hice referencia a las creencias racionales. Así que, ¿qué te parece si le dedicamos un momento a analizar tus creencias racionales? A manera de revisión rápida, las creencias racionales son todas esas creencias sobre ti y tu lugar en el mundo que te benefician, que promueven tu bienestar emocional. Como tales, las creencias racionales te llevan a pensamientos racionales y emocionalmente saludables, lo cual puede, a su vez, llevarte a buscar un cierre que sea beneficioso y saludable. ¿No estás seguro de cuáles son tus creencias racionales? Aquí van algunas preguntas que puedes hacerte:

- Cuando visualizo mi mejor yo, ¿cómo me veo?
- Siendo mi mejor yo, ¿cómo contribuyo al mundo a mi alrededor? ¿A mi hogar? ¿A mi trabajo? ¿A mi comunidad?
- ¿Cómo me siento cuando actúo según mi mejor yo? ¿Cuál es la evidencia?
- ¿Cómo reacciona la gente ante mí y cómo me trata cuando estoy en mi mejor momento?
- Cuando me siento en mi mejor momento, ¿qué pensamientos tengo que me llevan a experimentar esos sentimientos?
- ¿Cómo beneficio a las personas en mi vida? ¿Cuál es la evidencia?
- ¿Y cuáles son las creencias detrás de esos pensamientos?

Tómate un tiempo y haz una lista de tus creencias racionales. Éstos son los principios que guían tu vida, los cimientos de quién quieres ser en el mundo y cómo quieres que te traten los demás.

Para ayudarte a hacer la lista de tus creencias racionales, aquí te pongo algunos ejemplos de creencias racionales que he identificado en mis clientes:

- El mundo es un lugar seguro.
- A veces la vida toma el rumbo que yo quiero, a veces no, pero no estoy condenado al fracaso y la infelicidad.
- Soy bondadoso con las demás personas y merezco recibir lo mismo.
- Tengo el derecho de pedir lo que necesito.
- Algunas personas quisieran matarme, otras no, pero aun así soy una persona agradable.
- No siempre seré comprendido por los demás, y yo posiblemente no siempre los comprenderé.

- No tengo el control de cómo piensan, sienten o se comportan los demás.

Conserva esta lista a la mano. Complétala cuando identifiques más creencias racionales. Recurre a ella cuando te encuentres en una situación en la que sientas que necesitas un cierre y estás formando, o cuestionando, tu intencionalidad.

Reflexión final: el triunfo y la tiranía de la retrospectiva

Es parte de la naturaleza humana dedicar mucho tiempo, con frecuencia demasiado, a mirar en el espejo retrovisor de la vida. Recordando, revisando, reaccionando. Quizás ensayando cómo actuaríamos, lo que diríamos si tuviéramos la oportunidad de volverlo a hacer. Cuando evalúes cómo te fue en tu intento de cierre, recuerda que podemos aprender mucho mirando hacia atrás si somos capaces de ver el pasado más objetivamente y de aprender lecciones para seguir adelante. Pero muy a menudo tan sólo terminamos juzgándonos y haciéndonos sentir más miserables.

Espero que, si buscaste un cierre, hayas obtenido el resultado ideal, el que tú deseabas. Pero tal vez obtuviste un cierre que no fue ideal, que respondió tus preguntas, pero de una forma que te hizo sentir triste o enojado. O tal vez no recibiste ningún cierre en absoluto.

Esto es lo que yo suelo decirles a mis clientes: hacemos lo mejor que podemos en el momento, con lo que sabemos y con los recursos que tenemos disponibles, incluyendo nuestros recursos internos. Puede ser que no tuvieras acceso a lo que sabes ahora cuando buscaste tu cierre; de hecho, quizá fue el proceso de tratar de obtener un cierre lo que te enseñó las lecciones relevantes que te ayudaron a volverte más consciente. Otra vez, hiciste lo mejor que pudiste en su momento, y si actuaste con intencionalidad y honestidad, probablemente hiciste un gran trabajo. Todos somos una obra en proceso, y a menudo recorremos el camino entre la esperanza y la desesperación. Así que muestra un poco de compasión por ti.

PARTE IV

Cuando no obtienes el cierre que querías

CAPÍTULO 11

Cuándo alejarse

Espero que los métodos que expusimos en la parte 3 te ayuden a encontrar el cierre que buscas de una manera saludable y productiva. Ojalá que tengas una conversación abierta e intencional que ate esos cabos sueltos, y que seas capaz de seguir adelante con tu vida en paz. Sin embargo, como he mencionado muchas veces a lo largo de este libro, el cierre no siempre es posible, por distintas razones.

Esto significa que a veces tienes que hacerte la siguiente pregunta: ¿es momento de seguir con mi vida *sin* tener un cierre?

En este punto, podrías estar pensando algo así como: "¡Me has estado diciendo todo sobre por qué quiero un cierre y cómo conseguirlo! ¿Y ahora me dices que mejor lo olvide y me aleje?".

Bueno, sí.

Eso puede sonar cruel. Ciertamente, no es mi intención. Sin embargo, aferrarte a algo que está fuera de tu alcance, obsesionarte con ello y permitirle jugar un papel demasiado importante en tu vida es condenarte a ti mismo a la infelicidad. Exigir un cierre que no va a llegar es esencialmente empecinarte y esperar a que otra persona o entidad te proporcione la sanación que necesitas —y estar dispuesto a ser infeliz hasta que lo haga.

Pero, como mencioné en el capítulo 2, existe una alternativa al cierre, y ésa es la aceptación. Mientras que el cierre contesta preguntas y resuelve ambigüedades, la aceptación, bueno, *acepta* las cosas como son y sigue adelante a pesar de todo. Es posible que con la aceptación nunca obtengas esa sensación de conclusión ni entiendas *por qué* ciertas cosas sucedieron así, pero, no obstante, decides soltarlas, dejas de perseguirlas y te concentras en seguir adelante con tu vida. No suena tan emocionante como envolver todo en un lindo paquete con un moño encima, pero cuando el cierre es imposible, como ocurre a menudo, la aceptación suele ser la mejor opción.

Hasta ahora me he concentrado en los beneficios emocionales de buscar y encontrar un cierre, así como en los riesgos emocionales de no encontrarlo. En la parte 4 de este libro nos moveremos en una nueva dirección: qué hacer cuando no obtienes o no puedes obtener un cierre, empezando con este capítulo, en el que exploraremos cuándo alejarse y por qué.

Valora tu propio bienestar emocional

La decisión de dejar de buscar un cierre en una determinada situación es una de las más difíciles que veo que toman mis clientes. Todos sabemos lo difícil que es, por las razones que expliqué en el capítulo 2. Querer tener la razón. Querer dar o recibir una disculpa. Querer sentir que se tiene el control. Querer que la otra persona finalmente sepa lo enojado o dolido que estás. Etcétera. Pero cuando una búsqueda de cierre fallida está dañando tu bienestar general, bien podría valer la pena el reto de alejarse.

"¿Alejarse?", podrías preguntar. "Quieres decir, ¿renunciar a obtener el cierre que necesito?".

Déjame contestar a tu pregunta con más preguntas. ¿Cuánto vale tu salud mental? ¿Tu autoestima? ¿Tu calidad de vida? En otras palabras, ¿cuánto valoras tu bienestar? Sospecho que, en un día promedio, dirías que valoras muchísimo estas cosas. ¡Por supuesto! Y, sin embargo, cuando veo cuánto sufren mis clientes porque no quieren o no pueden dejar ir el deseo de buscar un cierre, en mi cabeza me pregunto si realmente es verdad.

Tal vez no reciba más respuesta que una encogida de hombros la primera vez que les hago a mis clientes estas preguntas. Pero, con el tiempo, la pregunta de si su insistencia en buscar un cierre pone en riesgo su bienestar emocional cobra un nuevo significado.

Como tal vez ya sepas, cuerpo, mente y espíritu trabajan juntos, al menos hasta cierto punto. Tu bienestar emocional repercute en tu bienestar físico, y viceversa. Si tienes un día estresante en el trabajo, quizá te duela la cabeza o te salga urticaria. Por el contrario, si consigues un objetivo por el que has estado luchando y te sientes orgulloso y feliz, es posible que duermas bien esa noche. Y si sufres una serie de decepciones —digamos, por ejemplo, al intentar y fracasar una y otra vez en la búsqueda de un cierre—, podría ser que tu estado de ánimo decaiga hasta el fondo, no tengas energía y sientas que toda tu vida está mal.

Como profesional de la salud mental me centro en las emociones, pero también veo el efecto que los estados emocionales de mis clientes tienen en otras áreas de sus vidas. Con el tiempo, una necesidad de cierre no satisfecha puede llegar a ser perjudicial para tu bienestar emocional y, en consecuencia, para tu bienestar general. Por eso es tan importante aprender a evaluar cuándo es el momento de renunciar al cierre y elegir la aceptación en su lugar.

Veamos algunos de los indicadores clave de que ha llegado el momento de alejarse del cierre en beneficio de tu propio bienestar.

El cierre se ha vuelto un asunto de todo o nada

Una señal de que tus intentos de cierre se están volviendo malsanos es que has empezado a ver el cierre en términos de todo o nada, sintiendo que, si no obtienes exactamente lo que buscas, nada en tu vida estará bien.

"Si no consigo el cierre, yo...". Las formas en que con más frecuencia escucho que mis clientes terminan esta frase incluyen: "quedaré destrozado", "nunca me recuperaré", "me sentiré un fracasado", "nunca descansaré", "simplemente moriré". Cuando oigo que describen el cierre en términos de extremos, y las únicas opciones son conseguir lo que quieren o el colapso emocional absoluto, se enciende una alarma en mi mente. Me preocupa que mi cliente esté tan empeñado en conseguir el cierre que haya apostado su bienestar emocional en algo que puede ser imposible de lograr.

Tu mente puede elaborar todo tipo de razones por las que *debes* tener un cierre: ya has sufrido bastante, lo mereces, etcétera. Es posible que todo eso sea cierto, pero decirle al mundo, al universo o a Dios lo que absolutamente *debes* tener es prepararte para una caída. La dicotomía de todo o nada cae con demasiada frecuencia en el territorio de "nada". Y eso, ¿dónde te deja a ti?

La verdad es que tu vida no va a terminar si no obtienes el cierre que quieres, pero si sientes que así será, es una señal de que debes dar un paso atrás y reevaluar si no es momento de alejarse.

El cierre es en lo único que piensas

En el campo de la salud mental hablamos mucho sobre la rumiación. Rumiar significa darle vueltas a algo en tu mente una y otra y otra vez, mucho más allá del punto donde eso es saludable o productivo, sobreanalizándolo desde todos los ángulos, imaginando lo que podrías haber dicho o hecho distinto, y cuáles habrían sido los resultados alternativos. A menudo, esto significa ensayar una conversación (o una confrontación), imaginar lo que se va a decir y planear todas las réplicas, hasta el último comentario. Cada momento libre, junto con algunos que en realidad no lo son, lo pasas fantaseando con el gran momento que te dará el cierre que quieres, que necesitas, que mereces.

Cuando te obsesionas con algo de ese modo, parece que todo lo que te sucede dispara otro recuerdo o más pensamientos sobre tu obsesión, y todos los sentimientos asociados. Estás atrapado en un laberinto y cada giro parece llevarte al mismo callejón sin salida. El cierre puede sentirse como tu única salida. Tu salvación. A falta de un cierre, vuelves a caer en la rumiación obsesiva. No hay avance, no hay satisfacción real, no hay alegría. No hasta que...

Si éste es tu estado mental, es hora de que comiences a buscar un camino distinto para salir del laberinto.

El cierre es de lo único que hablas

Si piensas obsesivamente en el cierre, es muy probable que también hables obsesivamente de él. Le cuentas la misma historia a todo aquel que se quede quieto el tiempo suficiente para escucharte. La historia de lo que viviste, de cómo intentaste cerrarlo o de cómo quieres intentar cerrarlo. Quizá quieras un poco de empatía. ("¿No te has sentido tú también así?".) Quizá quieras un poco de simpatía. ("¿No sientes pena por mí?".) Quizá busques consejo. ("¿Qué harías tú en mi lugar?".) Sea como sea, no puedes dejar de hablar de ello. Te sientes amargado. Te estás hundiendo. Estás hundiendo a los demás. Conseguir un cierre se ha convertido en tu único propósito en la vida.

Eso me recuerda a un cliente que fue atropellado por un taxista mientras daba un paseo al atardecer. Se había bajado de la acera para esquivar a los peatones más lentos que iban delante y, de repente, se encontró volando por los aires. Se rompió algunos huesos, y sus lesiones requirieron grapas y tornillos y mucha fisioterapia.

Cada vez que nos veíamos, este cliente quería hablar de ese taxista que no prestó suficiente atención, que según él le arruinó la vida, y cuya única preocupación era que no lo culparan. Mi cliente quería una disculpa. Quería saber que el taxista no había tenido un momento de paz desde el accidente. Quería más dinero del que habían acordado como compensación. Quería un cierre en sus propios términos. Exudaba ira y amargura, al punto de que sus amigos comenzaron a sacarle la vuelta. El accidente se convirtió en el centro de su vida, y vaya que era infeliz.

Ahora bien, esos sentimientos eran muy comprensibles, pero ¿de verdad su búsqueda de cierre lo estaba acercando a la paz y la felicidad, o lo estaba alejando aún más?

Estás nadando en el veneno de la ira

La ira es una emoción humana normal. Cuando alguien nos lastima de algún modo sentimos ira, y eso no siempre es malo. El problema surge cuando la ira se instala en nuestra mente y empieza a dominar todos nuestros pensamientos y sentimientos. El cierre, como explicamos en el capítulo 4, puede parecer la única forma de liberar la rabia contenida, y si no conseguimos el cierre que creemos que nos librará de la ira, tendemos a enojarnos aún más.

El enojo o la ira implacables pueden llevarnos a buscar un cierre intentando lastimar a la otra persona, emocionalmente o de otra forma. El enojo también puede hacer que evitemos buscar un cierre porque simplemente nos sentimos justificados de revolcarnos en toda esa ira o, por el contrario, porque creemos que no merecemos nada más que vivir llenos de ira y resentimiento.

Este tipo de pensamiento no sólo es potencialmente perjudicial para ti y para la otra persona, sino que también se basa en la suposición errónea de que no tenemos los recursos mentales o emocionales para gestionar nuestra propia ira, que tenemos que confiar en que otra persona nos dé un cierre para que la ira desaparezca. Esto es falso, y podemos llegar a un estado de aceptación por nosotros mismos, como explicaré con más detalle en el próximo capítulo.

Estás evitando el duelo

Cuando perdemos a alguien, ya sea por muerte, ruptura o cualquier otro motivo, pasamos por un proceso de duelo: dejar ir a la persona que perdimos, vivir los sentimientos que esto genera, integrar la pérdida en nuestra mente y empezar un nuevo capítulo. Tener un cierre con esa persona, como quiera que lo definamos, puede ayudarnos a despedirnos de ella. El cierre nos ayuda a tener un duelo.

Pero a veces, especialmente con una muerte, el cierre que queremos es imposible. Nunca llegaremos a decir las cosas que queremos decir ni a oír las cosas que queremos oír. No conseguir ese cierre puede hacer que el proceso de duelo sea más difícil —tan difícil, de hecho, que puedes obsesionarte con encontrarlo. Rumiación. Ensayo. Exigir a Dios o al universo que te proporcionen de algún modo el cierre que sabes que debes tener antes de poder seguir adelante.

Después de una pérdida, el cierre, tal como lo imaginas, puede ser esencialmente un pensamiento mágico. No es real, no es realista, no es posible. El duelo es un proceso de desprendimiento gradual. Exigir un cierre puede impedir que el proceso de duelo comience. Puede ser una forma de negación, un esfuerzo para evitar sentir el dolor de la pena, pero al final, sólo resulta en tu propio sufrimiento prolongado.

Es una señal de que es momento de alejarse. (Y recuerda, si el dolor o cualquier otra emoción se vuelven abrumadores, no tengas miedo de acudir a un profesional de la salud mental. Estamos formados para escuchar objetivamente y sin prejuicios, y podemos ayudarte a ordenar tus sentimientos y a aprender técnicas de afrontamiento.)

AUTOEVALUACIÓN: ¿MI BIENESTAR EMOCIONAL ESTÁ EN RIESGO?

Las siguientes son algunas preguntas que podrías querer hacerte para evaluar tu salud emocional y considerar la posibilidad de alejarte de tu propia necesidad de encontrar un cierre.

- ¿Con frecuencia me descubro dándole vueltas a lo sucedido, repasando acciones y conversaciones?
- ¿Ensayo múltiples versiones de la conversación que quiero tener con la persona de quien quiero el cierre?
- ¿Siento que nunca podré ser feliz si no encuentro un cierre?
- ¿La vida ha empezado a parecerme un sinsentido, como una cinta rodante en la que debo permanecer hasta que le encuentre sentido a través de un cierre?
- ¿Estoy esperando un cierre antes de que pueda permitirme comenzar el proceso de aceptar mi pérdida?
- ¿Mi falta de cierre me está dejando con tanta rabia que con frecuencia estoy a punto de explotar?
- ¿Lo que estoy sintiendo y mi necesidad de cierre se abren paso a prácticamente todas mis conversaciones?
- ¿Me siento como si estuviera teniendo una pataleta existencial, gritando y pateando para exigir un cierre al universo?
- ¿Me descubro diciendo, "Una vez que encuentre el cierre, finalmente podré _____"?
- ¿A veces, o a menudo, siento que obtener un cierre se ha convertido en el único propósito de mi vida?

> • Y finalmente: ¿mi necesidad de cierre se está interponiendo en el camino para ser una persona optimista, satisfecha y productiva, involucrada con la vida, llena de relaciones amorosas?

Cuidado con el abusador

Además de priorizar tu bienestar, otra muy buena razón para dejar de buscar un cierre con alguien es que te esté acosando o tratando mal. Esto puede ocurrir de varias maneras, pero las dos de las que hablo más a menudo con mis clientes son el *gaslighting* y el convertir una conversación en un debate.

En primer lugar, el *gaslighting*. El *gaslighting* es cuando alguien te dice que algo existe sólo en tu imaginación para hacerte dudar de ti mismo y de tus percepciones. (El término procede de la obra teatral *Gas Light*, de 1938, en la que un marido intenta hacerle creer a su mujer que ella está volviéndose loca, entre otras cosas, atenuando gradualmente las luces de gas de su casa y diciéndole a ella que se lo está imaginando.) Es una táctica común de alguien que está en negación, que no quiere mirarse a sí mismo. Oirás decir a un *gaslighter* cosas como:

- "Yo no hice eso. ¿Por qué lo dices?".
- "¿No crees que lo puedas estar imaginando?".
- "Eso nunca ocurrió. Siempre eres demasiado dramático".

Sufrir el *gaslighting* puede ser muy frustrante, sobre todo cuando proviene de alguien con quien intentas buscar un cierre. Cuando te topas con el muro levantado por el *gaslighter*, lo más probable es que te obsesiones con probar lo que dices o que te canses de escuchar los mismos argumentos condescendientes. En cualquier caso, la persona que te hace el *gaslighting* se aferrará a su historia y, cada vez que la oigas, te sentirás más desempoderado. Eso significa que es un buen momento para alejarse.

Otra causa de desempoderamiento es intentar mantener una conversación con alguien que pretende convertirla en una discusión. Algunos somos verbalmente más hábiles que otros, y tratar de tener una conversación de cierre con alguien que esgrime su habilidad verbal como un arma puede ser un verdadero reto. En lugar de escuchar con la mente abierta, la otra persona discute cada uno de tus argumentos para eludir su responsabilidad personal e incluso intimidarte. He tenido clientes que me cuentan la sorpresa que les produjo ver cómo sus intentos sinceros de cerrar se tomaban básicamente como una oportunidad para debatir con el objetivo de demostrar que estaban equivocados.

Cuando te encuentras en esta situación, tienes dos opciones. Puedes lamerte las heridas y preparar lo que esperas que sea un segundo *round* en igualdad de habilidad verbal (¡buena suerte con eso!), o puedes decidir no someterte a más abusos de alguien que sólo va a seguir haciéndote daño. Como te habrán dicho tus padres, la mejor manera de enfrentarte al abusón de la escuela es decidiendo no involucrarte. Alejarte de alguien que es un experto en la guerra verbal es un acto de empoderamiento.

El verdadero significado de la compasión

Una de las cosas que suelen frenar a mis clientes a la hora de elegir la aceptación en lugar del cierre es la preocupación de que la otra persona los "necesite" de alguna manera, o que tengan que seguir buscando el cierre para ser una "buena persona". Intuyo que eso es lo que sucede cuando los oigo decir cosas como:

- "Tiene problemas. Sé que no lo dice en serio".
- "No puedo abandonarla. Un día se dará cuenta de lo mucho que me necesita".
- "Es muy testarudo. Pero derribaré el muro si sigo intentándolo".

Utilizar esta lógica contigo mismo puede ser una forma de seguir estancado, de darte cabezazos contra la pared. Puede que pienses: "Pero, Gary, ¡soy una persona compasiva! ¡Esto es un acto de bondad! Estoy dispuesto a hacer lo que haga falta para ayudar a esta persona a darse cuenta de que tenemos que encontrar un cierre y reparar nuestra relación. Yo soy el fuerte. Yo puedo hacerlo. Necesita mi ayuda".

Déjame decirte mi definición de compasión. Compasión significa amar, respetar y estimar a los demás y a uno mismo. No significa propiciar el mal comportamiento de la otra persona, permitir que te ignore o te haga daño, o sacrificar tu propio bienestar en un intento de ayudarla. Esa versión de "compasión" no beneficia a la otra persona, y seguro que tampoco a ti.

Si descubres que sigues buscando un cierre porque crees que es lo que haría una persona amable y compasiva, aunque no esté yendo a ninguna parte y te esté provocando dolor y sufrimiento, eso es una señal importante de que es momento de alejarse.

Otras razones para dejar de buscar un cierre

Hay muchas otras razones por las que puedes decidir que lo mejor es dejar de buscar un cierre y trabajar para aceptar la situación tal y como es. Veamos algunas de las más comunes.

El riesgo no vale la recompensa potencial

Si estás buscando un cierre con alguien que tiene un historial de ser difícil, obstaculizador o francamente abusivo, el riesgo del daño que puedes sufrir al buscar el cierre quizá no valga la recompensa potencial de obtenerlo. Si el cierre es un proceso largo y lleno de reuniones repetitivas o incluso acciones legales que perturbarán todavía más tu vida y te causarán más daño emocional, puedes optar por poner tu energía en otra parte. Seguro, quizá consigas el cierre que deseabas, pero ¿qué habrás perdido en el proceso, empezando por tu paz mental? ¿Y qué podrías haber ganado, y evitado, con la aceptación?

Cuestionar sus propios motivos

Hemos comentado ampliamente la importancia de la intencionalidad. Al momento de considerar tus intenciones para buscar un cierre, podrías hacerte algunas preguntas difíciles y, como consecuencia, decidir que el cierre no es lo que más te conviene. Tal vez decidas que lo que realmente quieres es que te den la razón, o recibir una disculpa, o vengarte. En algunos casos, después de pensarlo un poco más, es posible que decidas que el asunto ya no es tan importante para ti como antes, ahora que has superado las emociones iniciales. Cuando analizas objetivamente tus intenciones, y te das el tiempo para ser claro contigo mismo, puedes llegar a sentirte igual de satisfecho con el encogimiento de hombros de la aceptación.

Buscar el cierre puede dañar a la otra persona o a tu relación

Si alguna vez te has visto en la situación de regañar a alguien y ver cómo se desmorona a consecuencia de tus palabras, entonces sabes exactamente por qué la aceptación puede ser en ocasiones el mejor camino. A veces, las personas no hacen lo que deberían —en las relaciones románticas, en las amistades, en la familia, en el trabajo, en la vida—, pero es lo mejor que pueden hacer. Claro, no han sido la persona que necesitabas que fueran. Pero ¿un cierre conseguirá lo que quieres? Y si lo hace, ¿serán sus emociones, o su autoestima, un daño colateral? ¿Sobrevivirá tu relación? Como dicen, aunque la vida no es una guerra, conviene elegir tus batallas. La aceptación puede beneficiarlos a los dos.

Reconoces que la otra persona no te dará un cierre

A lo largo de los capítulos anteriores he hablado de las muchas maneras en que tu petición de cierre puede toparse con un muro. Hiciste tu tarea, tus intenciones eran claras (al menos para ti) y pensaste bien cómo querías acercarte a esa persona para hablar del cierre. Sin embargo, la conversación no llegó a ninguna parte. Los intentos no verbales de cierre que he comentado, como los actos de amabilidad y los mensajes escritos, han sido ignorados. ¿En qué momento decides alejarte? Es tu elección, pero cuando te encuentres en esta situación, quizá descubras que la aceptación es, en última instancia, tu opción más saludable.

Esquivar un cierre que se convirtió en arma

Un recordatorio: el cierre puede utilizarse como arma. Alguien que dice que está buscando un cierre puede no estar haciéndolo con intencionalidad. Incluso puede que sea totalmente deshonesto en cuanto a su deseo de querer un cierre. En última instancia, una conversación de cierre con una persona así puede no ser más que su forma de recordarte las heridas del pasado, de reafirmar su poder sobre ti, de condenarte a sentir más dolor. Cuando aceptas lo que pasó y decides seguir adelante, te vuelves inmune a los intentos de volver al pasado con el pretexto de cerrarlo. Armado con la aceptación, eres capaz de reconocer al lobo con piel de oveja y de alejarte corriendo de allí.

Escucha a tus instintos

Si a estas alturas todavía te estás preguntando: "¿Cómo sabré cuando ha llegado el momento de poner fin a mis intentos de buscar un cierre y alejarme?", la respuesta es simple: escucha a tus instintos.

Según mi experiencia, puedes confiar en tu instinto, en tus "tripas", cuando tienes que tomar una decisión sobre cómo te trata otra persona. Suelo preguntar a mis clientes qué les dice su intuición sobre una situación en la que se encuentran, y con frecuencia describen esa vocecita interior que les dice lo que tienen que hacer. Ahora bien, puede que no quieran escuchar esa voz. Es posible que activamente se convenzan a sí mismos de no escucharla inventando todo tipo de razones por las que deben seguir por el mismo camino. Pero con el tiempo, tu intuición puede hacerte cuestionar cada vez más tus acciones. Acepta la incomodidad y escucha la lección.

Esa pequeña pero persistente voz interior siempre está con nosotros. Rara vez nos lleva en la dirección equivocada. E incluso si dudas en seguir tus instintos, ciertamente son algo importante a tener en cuenta a la hora de tomar decisiones.

El proceso de alejamiento

Entonces, ¿qué debemos hacer cuando seguimos chocando con un muro? Veamos un ejemplo del proceso de alejamiento.

Saeed y Aria llevaban un año saliendo cuando Aria puso fin a su relación abruptamente con un mensaje de texto. Saeed tenía el corazón roto y estaba confundido y, naturalmente, quería un cierre. Aria y él hicieron planes para verse y hablar, pero cuando llegó el día, ella no apareció. Cuando él le envió un mensaje para preguntarle qué había pasado, ella le dijo que estaba ocupada y que lo había olvidado. Saeed le ha enviado dos mensajes más preguntándole cuándo tendría tiempo para reunirse con él, pero Aria ha dejado de responder.

¿Qué opciones le quedan a Saeed en este momento? ¿Cuál es el siguiente paso?

Si Saeed fuera mi cliente, quizás empezaríamos hablando de las razones por las que quiere un cierre. Hablaría con él sobre por qué quiere sentarse a conversar con Aria. ¿Es para explotar contra ella? ¿Para intentar herirla como ella lo hirió a él? ¿O para hablar de lo que pasó en su relación y por qué Aria decidió alejarse de repente? ¿Qué preguntas espera responder con una conversación como ésta? (Algunos ejemplos habituales son: "¿Por qué ha pasado esto?" y "¿Qué he hecho mal, si es que algo hice mal?".) ¿Quiere que ella sepa lo mal que se siente él y quiere escuchar lo que siente ella? ¿Quiere ver si pueden volver a estar juntos o encontrar una manera de seguir adelante como amigos, o espera que ésta sea la última vez que hablen?

También le preguntaría a Saeed cómo se siente después de que Aria lo dejó plantado y desapareció. Sin perder demasiado tiempo intentando averiguar las motivaciones de Aria, ¿le sorprende este comportamiento o no, teniendo en cuenta lo que sabe de ella? ¿Sus repetidas peticiones de cierre le hacen sentirse mejor o peor? ¿Más empoderado o menos empoderado?

Podría preguntarle a Saeed por sus miedos. ¿Tiene miedo de cómo serán sus fines de semana sin Aria? ¿Le preocupa cómo pasará el tiempo y quién formará parte de su círculo social? Tal vez tenga miedo de volver a lanzarse al mundo de las citas. Quizá tenga miedo de no ser una persona querible y necesite que Aria le reafirme que sí lo es, algo que cree que no puede hacer por sí mismo. Pedirse a uno mismo que nombre sus miedos puede dar miedo en sí, pero también puede abrir la puerta al empoderamiento.

También sería importante discutir el poder de involucrar a la mente racional y echar un vistazo realista a las evidencias. ¿Cómo ha respondido Aria a las peticiones de Saeed —que iban camino de convertirse en súplicas— para encontrarse? ¿Decía que sí y se presentaba? ¿Ha dicho "tal vez" o "por ahora no"? Las evidencias hablan por sí solas, y si Saeed las analizara racionalmente, después de aceptar sus esperanzas y temores, tal vez llegaría a la conclusión de que Aria no quería tener esta conversación por la razón que fuera, y que él no podía obligarla a hacerlo.

Mi objetivo sería ayudar a Saeed a entender su propio corazón y su mente y a decidir cuándo era el momento de alejarse de la búsqueda de un cierre con Aria. Y una vez que tomara esa decisión, sería el momento de empezar a ponerse límites a sí mismo.

Según mi experiencia, cuando quieres algo que tu mente racional te dice que lo más probable es que no consigas, es el momento de ponerte límites a ti mismo. Para Saeed, eso podría significar dejar de enviarle mensajes a Aria y recordarse a sí mismo que, si va a haber un siguiente paso, tendrá que ser ella quien lo dé. También podría significar dejar de seguir a Aria en las redes sociales y pedir a los amigos en común que no lo pongan al corriente de su vida. Establecer límites para Saeed también significaría probablemente ser más activo en su vida, encontrar nuevas formas de pasar el tiempo y construir o reconstruir su círculo de amistades. Ponerse límites a uno mismo es una forma de escapar de la trampa del desempoderamiento y encontrar un camino hacia el empoderamiento.

EJERCICIO: **VISUALIZA TU LIBERTAD Y TU PAZ MENTAL**

Busca un lugar tranquilo, libre de distracciones y ruido. Adopta una posición cómoda. Cierra los ojos. Piensa en una situación presente o pasada en la que hayas necesitado un cierre y no lo hayas encontrado. Ahora visualízate frente a la persona que te causó dolor. En lugar de decir algo, salúdala con la mano y luego dale la espalda. Aléjate de esa persona y camina hacia un lugar que te haga feliz, como tu casa o la playa. Siente los sentimientos que surgen mientras caminas. Cuando sientas rabia, tristeza o decepción, sustitúyelas conscientemente con otros sentimientos, como alivio, felicidad o simplemente satisfacción. Dite a ti mismo estas palabras mientras sustituyes los viejos sentimientos con los nuevos: Acepto. Dejo ir. Aprendo. Sigo adelante.

Es posible que debas hacer este ejercicio algunas veces más, cada vez que la necesidad del cierre aparezca en tus pensamientos o cada vez que surjan los viejos sentimientos. Esta visualización puede ayudarte a decidir si ha llegado el momento de alejarte. También puede ayudarte a afianzar tu decisión de alejarte el recordar que el pasado ha quedado atrás y que el futuro está frente a ti.

Reflexión final: mi propia historia de cierre

El mensaje fundamental de este capítulo es que te conviertas en una prioridad; específicamente, que hagas de tu bienestar emocional una prioridad. Nuestra familia y nuestra comunidad no siempre nos enseñan a hacer eso. Por el contrario, a menudo se nos enseña que los sentimientos son peligrosos o un signo de debilidad, y que por tanto hay que tragárselos y negarlos. A muchos de nosotros no nos enseñaron a afrontar sentimientos incómodos o difíciles. A muchos también nos enseñaron que otras personas son la causa de nuestros sentimientos y que corresponde a las personas que los causaron hacer que esos sentimientos desaparezcan.

El cierre puede ser una forma muy positiva de sanarnos a nosotros mismos y a nuestras relaciones. Pero buscar un cierre también

puede ser un viaje a ninguna parte, uno que nos deje emocionalmente mal y agotados. Sólo tú sabes cuando ha llegado el momento
de alejarte. ¿Cómo saberlo? Escucha a tu intuición. Pon en marcha
tu mente racional. Y pregúntate si seguir subiendo la cuesta hacia
un cierre que en el fondo de tu corazón sabes que está fuera de tu
alcance vale tu bienestar emocional. Si la respuesta es no, es hora de
alejarse.

CAPÍTULO 12

Abraza la aceptación

En este punto, hemos identificado el valor de buscar un cierre y cómo puede sanar a las personas y las relaciones. Pero también hemos identificado las formas en las que la búsqueda del cierre puede ser, a falta de un término mejor, una pérdida de tiempo, desempoderadora y emocionalmente autodestructiva. Así que, si el cierre resulta imposible, ¿dónde nos deja eso? ¿Sintiéndonos continuamente dolidos, obligados a seguir adelante cuando tenemos el corazón roto, permanentemente frustrados, enojados y confundidos? Pues no. No, si abrazamos la aceptación.

Mientras escribía este capítulo, escuché por casualidad en la radio una noticia sobre dos actores que habían presentado una demanda contra un estudio cinematográfico que, según ellos, los había perjudicado hace más de cincuenta años. Como resultado de una reciente legislación, tenían derecho a llevar esos cargos ante los tribunales, y pedían una cantidad astronómica de dinero. El periodista comentaba que, a pesar de que ya rondaban los setenta años de edad, los dos actores podrían por fin encontrar un cierre. Por razones obvias, esto despertó mi interés.

Al considerar su historia, estuve de acuerdo en que habían sido agraviados. Parecía claro que no habían sido tratados con respeto durante su juventud, una época en la que no sabían cómo protegerse a sí mismos.

Pero también tuve que considerar lo que este pleito significaría para ellos. Lo más probable es que fueran años de pleitos llenos de reuniones legales y comparecencias ante los tribunales, años que de otro modo podrían dedicar a disfrutar de su vida con la familia y los amigos. Se escudriñaría su pasado y presente, sacando a la luz detalles privados que quizá no querrían que aparecieran en los medios de comunicación, y tal vez exponiéndolos a especulaciones crueles, la lástima o el ridículo. Por no hablar de la posible pérdida de ingresos que podrían sufrir mientras persiguen un acuerdo que podría no sumar mucho después de restarle los honorarios de su abogado.

Pero, sobre todo, tenía que preguntarme si ganar en los tribunales les daría realmente un cierre. Un acuerdo económico podría ser suficiente para beneficiarlos a ellos y a sus herederos. Podrían recibir una disculpa del estudio o concientizar sobre la difícil situación de otros jóvenes en su misma situación. Pero ¿podría un cheque borrar el dolor que han experimentado a lo largo de los años... o sacar a la luz lo que les ocurrió significaría revivir, e incluso agravar, el dolor? ¿Ganar el caso les daría por fin el éxito profesional que decían haber perdido a causa de los malos tratos? Tuve que preguntarme si todo el tiempo en los tribunales y toda la negatividad que tendrían que soportar para conseguir la victoria, si es que la conseguían, valdrían la pena para lograr el cierre que buscaban. ¿O sería, a fin de cuentas, una victoria vacía si se comparaban los beneficios contra los costes?

Luego consideré el caso desde la perspectiva de la aceptación. No digo que lo que les ocurrió a los dos actores estuviera bien, en absoluto. Pero tenía que preguntarme si les habría beneficiado aceptar la realidad de lo ocurrido, para bien y para mal. Eso no significaría fingir que los acontecimientos del pasado no les afectaron. Una aceptación activa podría traducirse en acciones como sensibilizar a los medios de comunicación, recaudar fondos o crear una fundación para apoyar y defender a los jóvenes. ¿Les habría aportado esto un cierre? ¿Y habría sido para ellos una forma más valiosa de cierre si elevaba su espíritu y los conectaba con la humanidad de una forma que una demanda no podría hacerlo? Esto requeriría alejarse de su concepto de cierre como un gran cheque. Y exigiría aceptar que lo que pasó, pasó.

En el último capítulo hablé de cómo decidir cuándo ha llegado el momento de abandonar la búsqueda del cierre y pasar a la aceptación. En este capítulo, exploraremos los beneficios de abrazar la aceptación, por difícil que pueda parecer al principio.

La aceptación es poder

Puede parecer contraintuitivo, pero la aceptación es poder. Cuando hablo de esto con mis clientes, a menudo me encuentro con resistencia. Temen que, si dejan de buscar un cierre, se les perciba como débiles, emocionalmente inestables, sin principios. Lo ven como no defenderse, no abogar por sí mismos, incluso acobardarse ante un abusón. Y entiendo perfectamente esa resistencia. ¿Cómo puede ser una forma de poder el renunciar a algo y no conseguir lo que quieres? Me explico.

Los seres humanos tendemos a interponernos en nuestro propio camino. Lo hacemos por culpa del ego. El ego quiere ganar, tener la razón, prevalecer. El ego hace que veamos las situaciones desde la perspectiva del bien contra el mal, con nosotros como el bueno que lucha contra el malo. Nuestro ego nos empuja a entrar en acción para demostrar nuestra superioridad, para ser el vencedor. ¡Hay que satisfacer al ego! A menudo he hablado con clientes que buscaban un cierre y chocaban contra un muro, pero volvían a hacerlo una y otra vez por su propia necesidad de satisfacer el ego. En el otro lado de la cuestión, también he sido testigo, con demasiada frecuencia, de cómo la necesidad de satisfacción del ego puede llevar a obstaculizar el cierre a alguien que lo está buscando, incluso cuando podría ser beneficioso para la relación.

He aquí la paradoja: mientras que tu ego te hace desear desesperadamente ser poderoso y tener el control, seguir las exigencias de tu ego suele llevarte a realizar acciones en las que no tienes el control y a tener sentimientos de impotencia. Puede hacer que permanezcas en el juego mucho tiempo después de que las señales indiquen claramente que es hora de alejarse, porque equiparas el alejamiento con la derrota, y no puedes imaginarte siendo derrotado. Nos obsesionamos tanto con ganar que no nos damos cuenta de que ya hemos perdido.

Ahora bien, el ego no es del todo malo. Un ego sano puede protegerte de la futilidad de buscar un cierre que no es posible. Puede guiarte para reconocer cuándo es el momento de alejarte y ayudarte a hacerlo con la cabeza en alto. Puede ayudarte a dejar de exigir un cierre que no merece la pena perseguir o ni siquiera es necesario. Pero un ego sano no se basa en sentimientos de superioridad y dominio. Se basa en reconocer que eres digno de amor, de ser tratado con amabilidad y respeto, de tomar decisiones en la vida que te den tranquilidad, no más desesperación. Y se basa en la voluntad de ofrecer la misma consideración a los demás.

Ésta es la razón por la que, aunque a menudo lo parezca al principio, elegir la aceptación en lugar del cierre no es un signo de debilidad. De hecho, necesitas mucha fuerza para alejarte del cierre y hacer de tu propia paz mental una prioridad, de forma que decidas no someterte a más frustración, decepción, ira o abuso intentando beber de un pozo que, ya te diste cuenta, está vacío.

Cuando luchamos por controlar cosas que no podemos controlar (que son la mayoría de las cosas), nos exponemos al fracaso y a la frustración. Cuando abandonamos esa lucha, nos abrimos a una forma de vida totalmente nueva. La aceptación significa abandonar la lucha. Dejar de esperar lo que racionalmente no podemos esperar.

Decidir dejarlo ir y seguir adelante, por muy difícil que pueda ser cuando estás atrapado en todas las emociones que nos hacen querer un cierre. Aceptar lo que no podemos controlar en la vida nos deja libres para enfocarnos en lo que *sí podemos* controlar. ¡Qué alivio!

Alejarse puede significar recuperar el poder que habías cedido o encontrar una nueva consciencia de tu poder, diciéndote por fin a ti mismo: "No necesito la comprensión de esta persona. No necesito su respeto. No necesito sus disculpas". Llegar a entender esto puede abrirte a cómo tu poder personal vive dentro de ti, emanando de ti hacia el mundo exterior. Te fue concedido. No tienes que pedirlo. No tienes que decir: "Por favor". No tienes que persuadir u obligar a nadie a que te lo dé. Te pertenece.

La aceptación es racional

Decidir alejarse del cierre que estabas persiguiendo puede ser increíblemente difícil cuando tus pensamientos y emociones te gritan que simplemente *tienes* que conseguir un cierre o no podrás seguir adelante. Aquí es donde la mente racional viene al rescate. La mente racional te permite mirar objetivamente tus pensamientos y los sentimientos que surgen de tus pensamientos, y decidir qué es lo mejor para tu propio bienestar emocional. La mente racional te ayuda a elevarte por encima de la contienda, a considerar lo que quieres del cierre en un mundo perfecto y, luego, a considerar lo que es posible en el mundo real. La mente racional es la base para la aceptación, para tomar decisiones que favorezcan tu propio bienestar emocional, tu propia paz mental, tu propia autoestima. Cuando el cierre no es posible, la aceptación es una elección racional.

Permíteme contarte una historia sobre Jamal y Tim. Jamal se enfrentaba a la difícil ruptura de una relación de diez años. Describía a su expareja, Tim, como una persona emocionalmente inaccesible, presente en los buenos momentos, pero incapaz de afrontar los difíciles, no muy solidario emocionalmente y rápido para evitar las discusiones incómodas. Al principio, intentó hablar de estos temas y salvar la relación, pero se encontró con la negativa de Tim: "No veo ningún problema. ¿Cuál es el problema?". Al final, Jamal decidió que no podía contar con él a largo plazo y decidió cortar por lo sano, por lo que buscó un apartamento y se mudó solo.

Tim se enojó cuando Jamal se mudó. Jamal quería que Tim supiera por qué había tomado esa decisión —cuánto lo había intentado, cómo sentía que Tim nunca estaba del todo allí para él—, pero cuando trató de enviarle un mensaje de texto, Tim lo ignoró. Jamal le llamó y Tim le dijo que cuando estuviera dispuesto a disculparse y hacer las paces, podrían verse y hablar. Jamal sintió que no tenía motivos para disculparse y que reunirse en esas circunstancias sólo llevaría a repetir lo que había estado viviendo durante diez años. Jamal volvió a intentar que tuvieran una conversación y recibió el mismo ultimátum.

"Sé lo que debes estar pensando", me dijo Jamal. "Es lo que hay". Puso los ojos en blanco. "Me lo he estado diciendo a mí mismo. Es un cliché muy gastado, pero en mi caso encaja. Quería un cierre. Pensé que me ayudaría a seguir adelante con mi vida. Pensé que nos ayudaría a ambos. Pero tengo que reconocer que no voy a conseguir un cierre, por mucho que crea que me lo merezco. Tengo que aceptarlo".

Le pregunté a Jamal qué podía yo hacer para ayudarlo a aceptarlo.

"De hecho, yo mismo empecé ese proceso, me enorgullece decirlo. Esta mañana me miré al espejo y me dije: 'Jamal, déjalo ir. Déjalo ser'".

Por supuesto, una parte de Jamal seguía queriendo una conversación de cierre agradable y satisfactoria —o cualquier conversación, en realidad. Pero usando su mente racional, fue capaz de reconocer que eso no iba a ocurrir y dejó de perseguirlo.

EJERCICIO: *LET IT BE,* DÉJALO SER

Estarás de acuerdo, basándote en tus propias experiencias, en que las palabras *let it be*, déjalo ser, pueden ser mágicas, y no sólo por la hermosa canción de los Beatles. Dejarlo ser consiste en renunciar a controlar lo que no puedes controlar y quedar libre para centrarte en lo que sí puedes controlar. Tómate un tiempo para pensar qué significa para ti en lo personal la aceptación. Vete a algún lado tú solo con una hoja de papel. Di las palabras "déjalo ser". ¿Qué te viene a la mente? Escríbelo. Dilo otra vez. Vuelve a escribir tu respuesta. Abre tu mente y considera todos los aspectos de tu vida. ¿Qué ocurre en casa que dejarlo ser pueda beneficiarte a ti o a los demás? ¿Y en el trabajo? ¿En tu comunidad? ¿Te viene a la mente algún cabo suelto que ansías cerrar? ¿Ha llegado el momento de dejarlo ser?

La aceptación es compasión

Alejarte de un cierre puede ayudarte a ser una persona más compasiva. ¿Cómo? No conseguir lo que quieres y sentirte desempoderado puede hacerte mucho más consciente de tu propio sufrimiento. Si eres capaz de alejarte de ese sufrimiento en lugar de seguir sometiéndote a él, puede ser una oportunidad para hacer un examen de conciencia. Puedes hacerte preguntas como: "¿Por qué era tan importante para mí? ¿Qué necesitaba tanto de esa otra persona que estaba dispuesto a desempoderarme? Quizá no lo necesitaba en absoluto". Tu respuesta puede abrirte la puerta a un mayor nivel de autoaceptación.

Esto puede motivarte a cuidarte mejor, a ser más bondadoso contigo mismo. Mostrarte compasivo contigo es increíblemente empoderante. Permitirte ser quien eres sin avergonzarte. No sentir la necesidad de disculparte por ser como eres. Aceptar tus imperfecciones y tus virtudes. En resumen, ¡decirte que sí a ti mismo!

Además, cuando tomas consciencia de lo que subyace bajo tu propio sufrimiento, tienes la oportunidad única de ser consciente del sufrimiento de los demás, y tal vez querrás mostrarles un poco más de bondad. Si tu intento infructuoso de obtener un cierre con alguien te ayudó a reconocer el daño que esa persona ha sufrido en su vida (o el dolor que experimentó como resultado de tu intento de cierre), podrías entrar aún más en contacto con tu lado compasivo. La compasión es un trabajo de dentro hacia fuera; si eres compasivo contigo, es más probable que muestres compasión hacia los demás.

Aprende las lecciones de la vida

Idealmente, nos gusta pensar que el hecho de lograr un cierre nos dará un nuevo sentido de identidad, mejorará nuestra autoestima y aumentará nuestra capacidad para expresarnos y exigir lo que merecemos. A veces, el cierre sí consigue eso. Nos sentimos empoderados, reivindicados, comprendidos. Y ésa es una valiosa lección de vida.

Pero el crecimiento personal como ser humano requiere estar abierto a todas las lecciones potenciales que la vida puede enseñarnos, tanto las que pueden celebrarse como las que deben soportarse. La vida nos plantea muchos retos y nos deja golpes y magulladuras emocionales a lo largo del camino, pero, en cierto modo, esos retos son un regalo, porque nos enseñan lecciones que nos ayudan a crecer como seres humanos. Y lo que hay que hacer cuando te ofrecen un regalo es aceptarlo. Algunas de las lecciones más importantes de mi vida las he aprendido por las malas, a través de la experiencia. Creo que la experiencia de no conseguir un cierre, por dura que sea, puede aportar valiosas lecciones de vida. La carta que enviaste y luego te arrepentiste de haber enviado, por el daño que causó a la otra persona o a tu reputación. El desaire público que te fue devuelto con fuerza y te dejó sintiéndote expuesto y humillado. Todo eso puede enseñarnos algo.

Una de las razones por las que he enfatizado la importancia de la intencionalidad es que te permite ser claro contigo mismo sobre por qué necesitas un cierre y qué esperas de la otra persona, y estar bien con esas respuestas. En el proceso de reflexionar sobre tu intencionalidad, tal vez decidas que no estás preparado emocionalmente, o que tu deseo de cierre no es realista, o que podrías dañar emocionalmente a la otra persona. En otras palabras, aprenderás algo sobre ti durante este proceso: una lección de vida.

Detrás de cada lección de vida hay una historia, así que te contaré una historia sobre Mark.

Mark creció en un pequeño pueblo donde todo el mundo se conocía. Su padre tenía un pequeño restaurante, al que Mark se refería como un "pretensioso puesto de hotdogs", que nunca funcionó muy bien. Como resultado, la familia de Mark vivía cerca de la línea de pobreza. Tenían una casa minúscula con un dormitorio, en el que dormían sus padres, mientras que Mark y su hermano mayor dormían en catres en la sala. Sus padres trabajaban muchas horas en la cafetería, dejando a Mark y a su hermano solos. Además de todo, sus padres se peleaban a menudo. Su madre quería que su padre cerrara el restaurante y encontrara un trabajo mejor pagado. Decía que el restaurante se construyó sobre "un dólar y un sueño, y ni siquiera tenemos el dólar". Su padre siempre les prometía que el negocio mejoraría, pero nunca sucedió.

Mark se avergonzaba de la situación de su familia. Los niños del colegio se burlaban de su ropa de segunda mano. Nunca llevó a ninguno de sus amigos a casa, pero todos sabían cómo vivía.

Cuando el hermano de Mark terminó el instituto, se fue de inmediato al ejército y, fuera de una llamada ocasional, cortó todo lazo con la familia. Mark apenas tiene contacto con él. Mark, por su parte, entró a una universidad estatal con una beca y encontró trabajo de verano en el campus para no tener que volver a vivir en casa de sus padres.

Mark ahora tiene treinta dos años y trabaja como maestro en otro estado. Ve a sus padres un par de veces al año; siguen trabajando muchas horas en el restaurante. Siente que ha tardado años en superar el daño que sufrió en su infancia: las privaciones, las burlas y la indiferencia de sus padres ante el impacto que sus decisiones, sobre todo las de su padre, tuvieron en sus hijos.

El verano pasado, Mark viajó a su pueblo natal para visitar a sus padres durante un fin de semana. (Consiguió una habitación en un hotel local, ya que no se atrevía a dormir en su viejo catre.) Tenía una intención en mente. Quería contarles a sus padres lo dura que había sido su vida de niño, cómo le había afectado la pobreza resultante de sus malas decisiones, cómo esa misma pobreza había alejado a su hermano. Quería que reconocieran cómo había luchado para desarrollar un sentido de sí mismo como persona, para no sentirse siempre menos que todos los que lo rodeaban, para reconocer por fin que era digno de tener en la vida más de lo que había tenido de niño. Mark no esperaba una disculpa, ni siquiera la quería. Pero sí quería que ellos comprendieran cómo se sentía por lo que él consideraba egoísmo e incapacidad de su padre para enfrentar la realidad, así como por la falta de voluntad de su madre para ponerse firme y conseguir una vida mejor para sus hijos.

Pero cuando Mark empezó a hablar de su infancia, su padre lo interrumpió y le habló del potencial del restaurante y de cómo la comunidad nunca lo apoyó, de cómo podría haber sido un gran restaurante si le hubieran dado una oportunidad. Su madre le contó lo buena madre que había sido, cómo ella y su padre les habían enseñado a él y a su hermano valores sólidos. Hablaban continuamente por encima de él, volviendo al mismo mensaje de lo que podría haber sido, de lo que debería haber sido. Cuando Mark intentó contarles lo infeliz que había sido de niño, cómo se había sentido un marginado en la escuela, su madre le dijo: "Tonterías. Eras un niño feliz. Te encantaba jugar en casa con tu hermano mientras nosotros trabajábamos. ¿No te acuerdas? Supongo que toda esa educación universitaria te enseñó a convertir a tus padres en los malos".

"Está bien", dijo Mark. "Está bien, mamá y papá". No tuvo el valor o la energía para seguir discutiendo, ni el deseo de lastimarlos. Si no podían oírlo e intentar comprenderlo, estaba perdiendo el tiempo.

Le sorprendió un poco la actitud defensiva de su madre y el silencio de su padre, pero empezaba a darse cuenta de lo empeñados que estaban en mantener la historia de su ficticia infancia feliz, en la que él y su hermano tenían todo lo que habían necesitado, material y emocionalmente. No podían ver los errores que habían cometido, cómo habían malgastado sus vidas en un restaurante que nunca iba a tener éxito. Reconocer la infelicidad de la infancia de Mark significaría asumir la responsabilidad de sus propias decisiones de vida. Y si lo hacían, ¿qué les quedaría? En lugar de eso, le hicieron *gaslighting*, diciéndole que sus recuerdos no eran reales, que eran el producto de tantas clases de psicología combinadas con el paso del tiempo. Insistieron en que él había olvidado la vida feliz que le habían dado y que sólo necesitaba que se lo recordaran.

Al aceptar la realidad de las limitaciones de sus padres, Mark pudo salir de su casa con algunas lecciones valiosas que podía llevar a su propia vida. Una de ellas fue que sus padres hicieron lo mejor que pudieron con lo que tenían. No habían hecho un gran trabajo como padres, ni con su propia vida, pero no tenían los recursos —mentales, emocionales, financieros— para hacerlo mejor. Otra lección que aprendió Mark fue que no todo el mundo, y mucho menos sus padres, puede analizar objetivamente su propia vida por miedo a derrumbarse bajo el peso de la verdad. Quizá lo más significativo fue que Mark también se marchó a casa siendo dueño de su

poder para controlar su propio destino, tanto si sus padres lo apro-
baban como si no. Se dio cuenta de que siempre había tenido ese
poder, que era lo que lo había llevado a donde estaba ahora en la
vida, pero que aún no lo había poseído realmente. Ahora podía verlo
con claridad y utilizarlo en todo su potencial.

Mark no consiguió el cierre que quería con sus padres, el cierre
que creía necesitar. En cambio, descubrió valiosas lecciones de vida.
Ése es el poder de abrazar la aceptación.

La vida no siempre tiene sentido

Una de las principales razones por las que queremos un cierre es porque queremos que las cosas tengan sentido. Queremos entender por
qué alguien actuó como lo hizo o por qué los acontecimientos se de-
sarrollaron de una determinada manera. Aunque no nos gusten las
respuestas, preferimos oírlas a no oír ninguna explicación. Pero lo
cierto es que en el mundo real las cosas no siempre tienen sentido.

Piensa en todo lo que aceptas sin cuestionar en la vida porque
no tiene sentido para ti personalmente. Si yo tuviera que dar sentido a todo lo que me encuentro en la vida cotidiana, no saldría de
casa. Para mí, no tiene sentido cómo es posible construir un rasca-
cielos desde cero, pero aun así tomo el ascensor hasta la vigésima
planta. No tiene sentido que el tiempo cambie tan deprisa, sin embargo, tomo el paraguas cuando lo necesito. No siempre me explico
por qué un cliente está tan destrozado por una conversación que
a mí me pareció bastante sencilla, pero lo escucho y le doy apoyo
emocional para que pueda seguir adelante.

A menudo les digo a mis clientes: "La gente es como es". Esa
afirmación se encuentra con una variedad de respuestas, desde un
triste estar de acuerdo, pasando por encogerse de hombros o estallar, hasta afirmaciones como "¡Pues no debería ser así!". Claro, en

un mundo perfecto, la gente "debería ser" mejor, pero no vivimos en un mundo perfecto. Puedo hablar por mí: mi vida se volvió mucho más fácil cuando dejé de esperar que los demás actuaran como yo pensaba que debían hacerlo y empecé a aceptarlos en sus propios términos. Sin exigir, sin suplicar, sin esperar un sentido. Simplemente les permití ser quienes eran. La vida también se hizo mucho más fácil cuando dejé de esperar que la vida fuera lógica o justa. Con frecuencia no es ni lo uno ni lo otro.

Casi todas las semanas le doy este mismo consejo a algún cliente, y a menudo vuelven y me dicen que también les cambió la vida. Esto no significa que no podamos tener expectativas respecto de nuestros seres queridos, pero sí implica comprender que lo que *pueden* darnos no siempre es lo que *desearíamos* que pudieran darnos en un mundo perfecto.

Cuando renuncias a exigir que el mundo y sus habitantes tengan sentido, te das a ti mismo y a todos los que te rodean el espacio para ser los seres humanos desordenados que todos somos. Les concedes la gracia de dar lo mejor de sí mismos, independientemente de si lo mejor de ellos se ajusta a tus propios estándares. ¡Gracia! Una palabra tan sencilla y poderosa.

He sido condicionado, como mucha gente, a ver un encogimiento de hombros de forma negativa. Un signo de desinterés, pereza o debilidad. Pero cuando te enfrentas a tus propias expectativas de que otra persona te dé un cierre con un sentido, darte cuenta de que es momento de encogerse de hombros y alejarse puede ser un signo de fuerza, aceptación y poder.

Herramientas para abrazar la aceptación

Ahora llegamos a la pregunta del momento: ¿cómo puedo abrazar la aceptación cuando todo mi ser anhela encontrar un cierre? La respuesta es sencilla y también difícil. Te alejas decidiendo alejarte. Si esperas a sentirte suficientemente enojado o frustrado, te estás preparando para más enojo y frustración. Si esperas a sentirte inspirado o en paz, es posible que tengas que esperar mucho tiempo. En lugar de eso, toma una decisión racional. Dite a ti mismo: "Ya no necesito librar esta batalla. Muchas cosas de la vida no tienen sentido, y esto tampoco lo tiene. Esto es lo que necesito hacer en beneficio de mi paz mental, mi sentido de identidad y mi poder personal".

Aquí tienes una elección. Puedes tomar medidas para hacer de tu salud emocional una prioridad y, en el proceso, empezar a sentirte completo de nuevo. A continuación, te presento algunas herramientas para trabajar en tu bienestar emocional al tiempo que dejas ir la necesidad de un cierre. El objetivo aquí es llegar a la aceptación abrazando tu vida. Abrázala tan fuerte que no tengas tiempo de rumiar lo que no conseguiste porque estarás totalmente enfocado en lo que sí tienes.

Vigila tu diálogo interno

El diálogo interno o autodiálogo es el diálogo permanente que sostenemos en nuestra mente cada vez que estamos despiertos. Nuestros diálogos internos suelen estar llenos de juicios y críticas a nosotros mismos y a los demás. Reproducirnos la cinta del "hubiera, pudiera, debería" sólo nos hace más infelices. Pero puedes elegir hablarte a ti mismo con amabilidad. Puedes permitirte ser humano como los demás y asegurarte que lo estás haciendo lo mejor que puedes, también como los demás.

Adopta una voz interior de compasión y amabilidad. Háblate a ti mismo como le hablarías a un amigo o un familiar que ha sido lastimado por otra persona. Detente cuando caigas en la autocrítica, en el pensamiento de "todo o nada", en las declaraciones sobre lo sombrío que se presenta tu futuro, etcétera. Recuérdate que la vida es esencialmente buena y que hay mucha gente en el mundo con buenas intenciones, incluidas muchas personas en tu propia vida.

Ponte límites

Si te encuentras constantemente dándole vueltas al cierre que no lograste, quizá te darás cuenta, tarde o temprano, de que prestarle una atención constante te está haciendo más mal que bien. A veces tenemos que emplear un poco de amor duro con nosotros mismos y poner límites a nuestros pensamientos y acciones.

Toma la decisión consciente de poner tus pensamientos en otro lugar, aunque sea temporalmente. Haz un esfuerzo por hablar con amigos y familiares sobre algo distinto a la situación que te ha llevado a necesitar un cierre. Evita situaciones en las que sea más probable que pienses en tu necesidad de cierre, como quedarte en cama toda la mañana un fin de semana o sentarte solo en un bar.

Recuérdate constantemente que te alejaste por una razón. Seguro que ya has pensado una y otra vez por qué quieres el cierre y a qué estás renunciando si no lo consigues. Pero ¿qué hay de lo que ganas si dejas de lado la necesidad de un cierre? Por ejemplo, ¿tendrás más espacio en tu mente para pensar en el futuro, para sentirte tranquilo y aterrizado, para ser capaz de volver a sentir alegría? Deja de autocastigarte. Sustitúyelo por amabilidad. ¡Te lo mereces!

Distráete

Las distracciones positivas te ayudan a evitar quedarte en un lugar oscuro, pues significan dedicarte intencionadamente a pensamientos y actividades que te ayudan a mantener los pies en la tierra, que te aportan placer, que te conectan con tu vida. Si te encuentras luchando contra pensamientos y sentimientos recurrentes sobre el cierre que no has podido lograr, elegir centrarte en distracciones saludables —pasatiempos, convivencia con amigos, tu trabajo— es una gran manera de comprometerte con lo que te trae alegría a tu vida y te ayuda a trascender los sentimientos que acompañan la no consecución del cierre, como la frustración, la decepción y la ira. Las distracciones positivas son pequeñas pruebas de que la vida es buena.

Conecta, o reconecta, con actividades de tu vida que disfrutes. La idea es alejar tu energía de los pensamientos sobre el cierre y la toxicidad que puede estar asociada a esos pensamientos, ocupando tu tiempo de formas más positivas o productivas. Escuchar música. Ver una película. Dar un paseo. Cocinar. Hacer ejercicio. (Por cierto, la actividad física es una forma estupenda de hacer fluir las endorfinas y ayudar a contrarrestar las emociones negativas y el estrés.) Si empiezas a moverte en esta dirección, puede que también seas más consciente de lo que has sacrificado en tu vida como resultado de tu deseo de cierre, lo que puede hacer que sea más fácil dejar ir ese deseo.

Expándete

A menudo, el cierre tiene que ver con algo que no salió como querías o que te quitaron. Considera la posibilidad de introducir algo nuevo en tu vida en su lugar. Busca una nueva afición. Toma clases. Planea un viaje. Haz algo de voluntariado.

El voluntariado o la realización de otros actos de bondad pueden ser especialmente útiles porque desvían tu atención de tus propios problemas mientras ayudas a otra persona con los suyos. Puedes ayudarte a sanar del daño que te han hecho si te preocupas por ayudar a sanar del daño que les han hecho a los demás. Mostrar amabilidad es una forma de afirmar tu propio poder al no permitir que te vuelvas amargado, cáustico o derrotado. Demuestra que te niegas a verte disminuido por cómo te han tratado los demás o por las decepciones que has experimentado.

Prueba la meditación

Podrías considerar iniciarte en una práctica espiritual o de meditación que te proporcione herramientas adicionales que te ayuden a sanar. Una de las más comunes y accesibles es la meditación de atención plena, que te ayuda a permanecer en el momento en lugar de vagar entre los dos lugares donde la mente humana tiende a quedarse atascada: mirando el retrovisor, lamentándose por el pasado, o mirando la bola de cristal y preocupándose por el futuro. La meditación de atención plena te lleva a tu vida, plenamente consciente del aquí y el ahora. A muchas personas les resulta de gran ayuda para mantenerse más tranquilas y centradas. Si no estás seguro de por dónde empezar, existen muchas aplicaciones, sitios web y libros que te ayudarán a ponerte en marcha.

La visualización es otra técnica, bastante similar a la meditación, que puede ayudarte a encontrar la aceptación. Dedica unos minutos por la mañana o por la noche a crear en tu mente la imagen de una despedida con la persona con la que no pudiste alcanzar un cierre. No una visión enfadada, sino una en la que decides alejarte de ella, quizá con un abrazo o un apretón de manos, quizá simplemente dándote la vuelta y caminando en otra dirección. Crear esta visión en tu mente de forma regular puede ayudarte a sentir, con el paso del tiempo, una mayor aceptación.

Consigue apoyo

Puede que últimamente te hayas aislado mientras te centras en tu necesidad de cierre. O puede que hayas pasado mucho tiempo desahogándote con amigos y familiares, hasta el punto de que empiezas a preguntarte si te están evitando. En cualquier caso, elige conectar con las personas que te importan y que se preocupan por ti, de una forma nueva. Organiza encuentros y deja claro que estás avanzando y que quieres hablar de algo nuevo. Hazles más preguntas sobre ellos. Considera actividades como ir al cine o a un concierto, que impliquen estar en presencia del otro sin hablar tanto. Está dispuesto a disculparte si notas que se han cansado de escuchar cómo te desahogas.

Abraza tu mente racional

Da un paso atrás y observa tus pensamientos y los sentimientos que se derivan de ellos. Articula para ti mismo cualquier laguna en tu razonamiento. En particular, examina honestamente lo que esperabas en términos de cierre y, dado lo que has experimentado, lo que razonablemente puedes esperar de cara al futuro. Recuérdate a ti mismo los beneficios de alejarte de un cierre que no es realista o posible.

Involucrar a tu mente racional puede ser un proceso. Llevar un diario puede ayudarte a seguir tus progresos y a avanzar en el proceso. Siéntate y escribe lo que piensas sobre por qué querías el cierre, qué hiciste para conseguirlo, qué te impidió alcanzarlo y qué lecciones aprendiste. Asegúrate de considerar lo que significa llegar a la aceptación, lo que significará seguir adelante y cómo te beneficiarás de ello.

Mientras echas a andar la mente racional, recuérdate también que puedes elegir. Puedes elegir pensar y comportarte de forma racional. Puedes sanarte a ti mismo.

AUTOEVALUACIÓN: ¿QUÉ SE INTERPONE EN TU CAMINO PARA LLEGAR A LA ACEPTACIÓN?

¿Suena la aceptación como trepar cuesta arriba? Aquí tienes algunas preguntas para evaluar tu disposición a aceptar:

- ¿Qué pensamientos me vienen a la mente cuando pienso en las palabras "déjalo ser"?
- ¿Qué sentimientos experimento cuando tengo estos pensamientos?
- ¿Puedo aceptar lo que me pasó y al mismo tiempo aceptar que la otra persona se comportó mal, o la aceptación se siente como una aprobación al daño que me hicieron?
- ¿Estoy tan empeñado en el cierre con la otra persona que la aceptación se siente como debilidad?
- ¿A qué renuncio si elijo la aceptación?
- ¿Qué gano si elijo la aceptación?
- ¿Cuáles son los riesgos emocionales y de otro tipo si decido que no puedo aceptar lo ocurrido?
- ¿Qué papel juega mi ego en la decisión de abrazar la aceptación?
- ¿Cómo sería mi vida si aceptara plenamente que no puedo tener un cierre?
- ¿Cómo contribuiría la aceptación a mi crecimiento personal?

Hay que reconocer que son preguntas difíciles, pero hacer este trabajo tiene el potencial de mejorar enormemente tu paz mental y de ayudarte a seguir adelante con tu vida. Tú vales la pena el esfuerzo.

Reflexión final: el primer paso hacia la libertad

Sé que no es fácil simplemente aceptar algo que te ha causado tanto dolor. Tal vez pienses: *¿Cómo puedo alejarme y dejar que esto pase?* Pero cuando te estás dando contra un muro, o te arriesgas a ser arrastrado a sufrir más abusos, o el cierre es imposible por cualquier otra razón, ¿cuál es tu alternativa? Las personas son como son. No podemos obligarlas a ser lo que nosotros queremos que sean, aunque sólo sea para facilitar el poner fin a una relación.

La aceptación no es un cierre, y al principio eso puede parecer una desventaja. Significa que hay ciertos cabos sueltos que quizá nunca lleguen a atarse. Pero el hecho de que la aceptación no sea un cierre también significa que no es un cierre por el que hayas tenido que suplicar a otra persona, que no es un cierre que hayas conseguido a costa de otra persona, que no es un cierre que no querías, pero te lo impusieron. La aceptación es algo que haces por ti y para ti. Es una elección racional, compasiva y empoderadora. Te permite prepararte para tomar las riendas de tu vida y seguir adelante con confianza. La aceptación es el primer paso hacia la libertad.

CAPÍTULO 13

Lograr un cierre después de una muerte

Cada semana, si no es que varias veces por semana, hablo con un cliente sobre la pérdida. Cuando sufrimos cualquier tipo de pérdida, experimentamos dolor. Si perdemos una amistad, lamentamos esa pérdida, aunque en algún momento hayamos decidido que esa amistad no nos convenía. Si perdemos un trabajo, lamentamos la pérdida de la seguridad económica que nos proporcionaba, de la oportunidad de ser productivos o de las relaciones que teníamos con nuestros compañeros, aunque hayamos decidido que el trabajo era más doloroso que provechoso, aunque nos hayan echado o despedido, aunque nosotros nos hayamos ido por un trabajo mejor. Lloramos la pérdida de una relación sentimental, independientemente de quién haya decidido ponerle fin, y lloramos la pérdida de oportunidades de realmente conectar con miembros de la familia debido a diferencias o desacuerdos que parece que no podemos superar. En mi trabajo con clientes que se enfrentan a enfermedades crónicas y catastróficas, a menudo hablo con ellos sobre el dolor que experimentan tras un diagnóstico médico; lloran por la vida que tenían antes de su diagnóstico y por el futuro que creían que tendrían cuando la vida iba según lo previsto, hasta que de repente ya no.

Y por supuesto, cuando muere un ser querido, nos afligimos. Cuando les conté a mis amigos y a mis clientes que estaba escribiendo un libro sobre el cierre, muchos me preguntaron si era un libro sobre el duelo tras la muerte de un ser querido. Ciertamente, una muerte no es ni por mucho la única razón por la que podríamos buscar un cierre, pero es una especialmente delicada, tanto por la intensidad del dolor que implica como porque es permanente de una forma que otras situaciones relacionadas con el cierre no suelen serlo. Por eso, aunque a lo largo de este libro he tratado el tema del cierre tras la pérdida de un ser querido, he querido dedicarle un capítulo en específico.

¿Un cierre hará que el dolor desaparezca?

He perdido a muchas personas a lo largo de mi vida, y sospecho que tú también has tenido tus pérdidas. La muerte de un ser querido nos deja un dolor difícil de expresar con palabras. Según mi propia experiencia y la de muchos de mis clientes, el dolor de la pérdida evoluciona con el tiempo. El duelo es diferente para cada persona y no hay una forma correcta de vivirlo, pero a menudo empieza con un dolor insoportable, el tipo de dolor emocional que te hace querer gritar y llorar y golpear una almohada y patear una puerta. Es un dolor que puede hacerte pensar que estás perdiendo la cabeza. Sientes que se te van a salir las tripas por la boca. El dolor puede ser tan intenso que temes que te sobrepase, que te desplomes bajo su peso. Y sí, te derrumbas, puede que varias veces. Pero, de algún modo, sigues adelante.

Con el tiempo, el dolor insoportable empieza a remitir y se convierte en un dolor sordo que invade tus pensamientos y tus acciones. Te preguntas si caminas más despacio, si hablas más despacio. La vida parece ir en cámara lenta. Estás rodeado de recuerdos de esa persona. Una canción, un programa de televisión, el olor de cierta comida, un comentario que oyes... todo desencadena más recuerdos. El dolor sordo amenaza con volverse intenso de nuevo. A veces lo hace, y de repente sientes un dolor tan vivo como el día en que murió.

Cuando estás en duelo, te cuesta admitir que tu ser querido no volverá a estar en tu vida. Tu mente racional te dice que tienes que reconocer que no volverá, pero admitir que se ha ido puede parecer como darse por vencido. Te sientes intranquilo, desconectado. Intentas sonreír, parecer optimista, mientras miras el mundo a través de una neblina oscura. Quieres estar en paz con su muerte, pero no sabes cómo encontrar la paz.

En las conversaciones sobre el duelo, mis clientes suelen decir cosas como: "¿Cómo puedo hacer que desaparezca este dolor? Me lastima demasiado. Es abrumador". "¿Volveré a sentirme feliz alguna vez?". Y, por supuesto: "¿Cómo puedo tener un cierre?".

En la formación para el asesoramiento durante el duelo, a los profesionales de la salud mental se nos enseña a animar a nuestros clientes a hablar y a sentir. A hablar de sus sentimientos. A contar la historia de la muerte si así lo desean. A compartir recuerdos. A hablar de cómo es su vida ahora que esa persona ya no está. Cada vez que se cuentan las historias de la pérdida, cada vez que se experimentan los sentimientos, la mente empieza a integrar la pérdida. Creo en el poder de la palabra y en el potencial de expresar pensamientos y sentimientos, pero... lo que quieren mis clientes que están en duelo es un cierre.

Quieren resolver esos cabos sueltos que los torturan, que se niegan a darles un momento de paz, que —ellos creen— deben ser la clave mágica para que todo salga bien.

Sé cómo se sienten. Cuando he perdido a un ser querido, me he sorprendido a mí mismo suplicando al universo que me conceda sólo cinco minutos más. Sólo para verlo otra vez. Para recordarle lo mucho que lo quería y lo sigo queriendo. Tal vez para decir palabras que quería decirle, pero nunca dije. Tal vez para pedir perdón por alguna ocasión en la que podría haber sido más amable, más comprensivo, más cariñoso, pero no lo fui. Para obtener respuestas a preguntas como: "¿Sabías cuánto me importabas?". Y puede que incluso para que me pidiera perdón a mí también. Mis clientes en duelo suelen expresar los mismos deseos.

¿Serviría eso para proporcionar un cierre? ¿Haría desaparecer el dolor? Tal vez, pero imagino que el alivio sería temporal y el dolor sordo del duelo volvería. Y, en cualquier caso, es imposible. Entonces, ¿qué tipo de cierre nos ayudaría a sentirnos mejor?

Al ayudar a mis clientes a superar el duelo, he oído muchas historias sobre la búsqueda de un cierre como forma de resolver el duelo tras una muerte, algunas con más éxito que otras.

Por ejemplo, más de un cliente ha intentado recurrir al sistema judicial para lograr el cierre. He tenido a padres desolados por la muerte de un hijo como consecuencia de errores cometidos por profesionales de la salud. He tenido a padres de adultos jóvenes que murieron en un accidente de tráfico provocado por un conductor ebrio. A veces, nuestras sesiones se convertían en recuentos de las reuniones con sus abogados, en informes sobre los avances de su caso en el sistema judicial. Observaba cómo sus rostros se contorsionaban de ira cuando describían reuniones en las que se sentían víctimas del *gaslighting*, en las que los abogados que representaban a sus oponentes —por lo general, grandes sistemas hospitalarios y compañías de seguros— minimizaban su dolor. En estas conversaciones con mis afligidos clientes, a menudo expresaban el mismo objetivo: "Haré que me den un cierre". Su ira les daba energía, por el momento. Y después volvían a caer en el profundo pozo de su dolor.

No digo que estas personas se equivocaran al emprender acciones legales. Dependiendo de la situación, puede ser importante desde el punto de vista económico, o puede ayudar a evitar que una persona o institución perjudique a otras personas en el futuro. Pero no creo haber visto nunca que ayudara a mis clientes a lograr un cierre emocional o a procesar su dolor. Al fin y al cabo, habían perdido a alguien a quien amaban profundamente.

Otros clientes han abordado el cierre tras la muerte de un modo distinto, esperando tener sueños en los que su ser querido acudiera a ellos y les diera el consuelo y las respuestas que necesitaban. O esperaban una señal, como la clienta que encontró un dólar en la calle, que era la cantidad que recibía como paga semanal cuando era niña, y estaba segura de que se trataba de un mensaje de su madre. Tuve un cliente especialmente memorable que estaba tan desesperado por encontrar un cierre tras la pérdida de su pareja, que concertó una cita con una médium que afirmaba poder hablar con los muertos. Él describió su objetivo al reunirse con esta médium como: "Necesito que mi pareja me diga que sigue conmigo. Eso me daría un cierre".

En el lado más convencional de las cosas, nuestra cultura nos proporciona los medios para obtener un cierre a través de funerales, homenajes o celebraciones de la vida. Estos actos suelen incluir un mensaje religioso o espiritual, panegíricos y un intercambio informal de pensamientos y recuerdos. He asistido a muchos, y quizá tú también. Un funeral puede ser un momento para llorar juntos, para sentirse apoyados, y creo que esto puede ser útil para avanzar hacia un cierto nivel de cierre. Sin embargo, asistir a un acto en honor de un ser que amabas y perdiste también puede ser una experiencia emocional agotadora. Por supuesto, hay muchos abrazos y expresiones de condolencia, pero van acompañados de la dura bofetada en el rostro de la realidad de que esa persona ya no está aquí, y te lo recuerda una sala llena de gente, con algunos de los cuales puede que ni siquiera desees convivir (y puede que algunos con los que tu ser querido tampoco hubiera deseado convivir). Palabras como "está en un lugar mejor" o "el tiempo cura todas las heridas", que pretenden dar un cierre, suenan vacías, a pesar de las buenas intenciones de quien las pronuncia.

Todos necesitamos hacer cosas diferentes para afrontar la pérdida de un ser querido. No hay que juzgar. El duelo es un viaje individual para cada uno de nosotros, un viaje que nos vemos obligados a hacer cada vez que perdemos a un ser querido. Entiendo la necesidad de un cierre y la esperanza tras la búsqueda de un cierre después de una pérdida, la necesidad desesperada de aliviar el dolor. Este sufrimiento es muy difícil de soportar.

Sin embargo, veo un tema en estos ejemplos de búsqueda de cierre tras una muerte. El tema es buscar un cierre a través de otras personas: el sistema legal, un médium psíquico, un evento, los abrazos y condolencias de los seres queridos. Buscar el cierre a través de las acciones y palabras de otras personas, como ya he explicado en capítulos anteriores, es siempre una apuesta arriesgada. Podemos recibir o no el gran pago de la compañía de seguros. La señal que buscamos puede llegar o no llegar. El funeral puede ser o no el momento de armonía y unidad que nuestra cultura pretende que sea. E incluso si esas cosas suceden, puede que no nos sintamos como pensábamos y esperábamos que nos sentiríamos.

Tengo que confesar que no estoy seguro de que otras personas puedan realmente darnos un cierre cuando estamos sumidos en el dolor. Iré un paso más allá: ni siquiera estoy seguro de saber lo que *es* un cierre tras la muerte de un ser querido. ¿Reafirmación de que éramos la persona que ellos necesitaban que fuéramos? ¿Afirmación de que están en su siguiente viaje, quizás esperando a que nos reunamos con ellos algún día? ¿Perdón por las veces que les causamos dolor? ¿O el cierre consiste en alejar de nosotros el dolor de la pérdida y sustituirlo por paz, consuelo o alegría?

Los rituales tradicionales de cierre tras una muerte pueden proporcionarnos una sensación de apoyo y comunidad, y las creencias espirituales y religiosas pueden aportar un significado adicional cuando la muerte no parece tener sentido. Sin embargo, cuando todo está dicho y hecho, perder a alguien es como una gran patada en el estómago. Nos deja jadeando, confundidos, haciéndonos preguntas que no tienen respuesta. La vida es azarosa e injusta. Las personas

llegan a nuestra vida, las queremos y a veces las perdemos. Y entonces nos sentimos solos.

Al menos en teoría, tu jefe puede decirte por qué te ha despedido. Tu novio puede decirte por qué ha roto contigo. Tu hermana puede decirte por qué dejó de hablarte. Pero la muerte es para
siempre. Una pérdida te deja una herida. El cierre, signifique lo que
signifique para ti, puede ofrecerte cierto consuelo, pero no va a cu-
rar esa herida.

El proceso de duelo como una forma de cierre

Puedo afirmar con convicción que el proceso de duelo proporciona
esperanza para transitar por el camino de la pérdida. No creo que el
duelo se desarrolle en pasos predeterminados. No creo que se com-
plete en un plazo de tiempo específico. No creo que sea predecible.
Lo que sí creo es que cada persona vive el duelo a su manera. También creo que cada pérdida es única; puedes sufrir de una manera
cuando una persona se va de tu vida, y de una manera completamente diferente cuando otra persona se va.

La única forma garantizada de superar el duelo es pasar por el
proceso. Hablar. Permitirte sentir. Encontrar maneras personales
de recordar al ser que has perdido. Compartir recuerdos. Vivir tu
vida de forma que continúe su legado.

Cada vez que perdemos a un ser querido, empezamos un nuevo capítulo en nuestra vida: el capítulo sin esa persona. Esto puede
significar grandes cambios, como cuando perdemos a nuestra pareja. También puede significar cambios más pequeños, como cuando
perdemos a un compañero de trabajo o a un amigo. Sea como sea,
significa un nuevo capítulo. Ocurrirá algo gracioso y pensarás en
compartir la broma con la persona que has perdido, sólo para recordar que no puedes. Surgirá un problema, necesitarás un consejo

y será la primera persona que te venga a la mente, hasta que te des cuenta de que no está aquí para ayudarte. Llegarán las vacaciones y los cumpleaños y pensarás en celebrarlos con ellos, pero ya no podrás.

Al embarcarnos en este nuevo capítulo que tenemos por delante, podemos hacerlo con el corazón abierto, aceptando que llevamos esa herida y eligiendo caminar con ella, consolándonos cuando lo necesitemos, pero sin dejar de caminar. Vivir de esta manera tu propio proceso de duelo es el cierre que tú mismo te das.

Mi historia: papá, mamá y yo

Empecé este libro con una historia personal en la parte I, y ahora terminaré con otra. Mis padres ya no están conmigo. Al final de la vida de mi padre y, diez años después, de la de mi madre, me vinieron a la cabeza muchas reflexiones sobre el cierre tras la muerte de un ser querido. Me gustaría compartirlas contigo.

Mi padre y yo a menudo no estábamos de acuerdo. Platico con muchos hombres de mi profesión y sé que esta experiencia no es infrecuente; muchos de nosotros hemos tenido relaciones complicadas con nuestros padres. El mío nació en los años veinte, cuando muchos hombres eran educados para expresar una sola emoción: la ira. Muchos hombres de su generación se enojaban cuando sentían ira, y a menudo aprendían a enojarse cuando sentían miedo, decepción, tristeza. Mi padre se enojaba mucho. Crecer con él no siempre fue fácil para mí, y sospecho que tampoco lo fue para él. Su hijo de en medio era un misterio para él. Intentaba ayudarme de muchas maneras, pero a menudo se comunicaba con rabia, y eso me costaba entenderlo de niño. Al recordar mi infancia con la visión 20/20 de la edad adulta, comprendo que, como la mayoría de los padres, educó a sus hijos con lo que sabía. Hizo todo lo que pudo para ser un padre, a pesar de sus propios demonios. Pero en aquella época simplemente no solíamos estar de acuerdo.

Cuando me fui de casa y me independicé, mi padre intentó reducir la distancia entre nosotros, pero yo no siempre me esforcé por hacer mi parte en un acercamiento. Tenía muchos sentimientos sobre nuestra relación, e intentar hablar de lo que había pasado entre nosotros me parecía demasiado difícil. Me decía a mí mismo que sería demasiado difícil *para él*, pero incluso entonces sabía que era una excusa para no querer hablar yo mismo del pasado.

Me imaginaba la conversación que algún día tendría con mi padre. Quería contarle lo que sentía por haber crecido con él, cómo me ayudó a crecer y cómo no me ayudó. Quería que supiera por qué a veces yo me comportaba con él como lo hacía. Quería entender mejor por qué a menudo él se comportaba conmigo como lo hacía. Sobre todo, quería que nos perdonáramos. Mirando hacia atrás, ahora me doy cuenta de que lo que quería era un cierre con él.

A medida que envejecía y su salud se empezaba a deteriorar, me iba dando cuenta de que a mi padre se le estaba acabando la vida. Aun así, pensaba que había tiempo. Creía que alguna vez se presentaría mágicamente la oportunidad, como en las películas. Creía que encontraríamos nuestro cierre antes de que muriera.

Un fin de año volví a Michigan para visitar a mis padres en la que resultó ser la última Navidad de mi papá. En Nochebuena tuve la sensación de que quería decirme algo. Recuerdo que me senté frente a él en el salón y pensé que debía entablar una conversación con él. Nunca se le dio bien decir lo que pensaba. Podría haber iniciado yo la conversación, pero no lo hice. En lugar de eso, me dije que ya encontraríamos un momento mejor. Desde luego, mejor que Nochebuena. Así que le pregunté qué quería ver en la tele, y el momento pasó.

Mi padre enfermó gravemente del cáncer que sospechábamos que podía tener durante el verano siguiente a aquella Navidad. Cuando él y mi madre vinieron a visitarme a Nueva York, parecía enfermo y se movía y hablaba muy despacio, y pasamos mucho tiempo sentados en la habitación del hotel Midtown que les había reservado. Uno de los últimos recuerdos que tengo de mi padre es nuestro desayuno en el restaurante del hotel la mañana en que se fueron. Me contó una anécdota de cuando era mucho más joven y su empresa lo había mandado a Nueva York por viaje de negocios durante un par de días. Yo ya había oído esa historia muchas veces, pero sentí que él necesitaba que la oyera de nuevo. Así que lo escuché como si fuera la primera vez. Le dije lo increíble que había debido ser aquella experiencia, lo valioso que él había sido para su empresa. Creo que necesitaba mi validación, saber que era un padre que había hecho cosas de las que podía estar orgulloso y de las que yo también podía enorgullecerme. Que él importaba en el mundo. Agradezco haber tenido la serenidad suficiente para poder transmitírsela. Antes de dejar Nueva York para volver a Michigan, me tocó el hombro y me dijo: "Gracias por escucharme siempre". Le contesté: "De nada, papá. Siempre".

Unos meses después, volví a casa para visitarlo mientras agonizaba en el hospital. Sabía que aún necesitábamos tener esa conversación, así que una mañana me levanté muy temprano para llegar al hospital antes que mi madre y mis hermanos. Entré en su habitación y vi que lo habían drogado mucho para ayudarle a sobrellevar el dolor que sentía. Estaba inconsciente. Me senté y empecé a llorar, porque sabía que había pasado la oportunidad del cierre y que probablemente no se volvería a presentar. Y no lo hizo. Papá nunca volvió a ser coherente.

Aquella mañana estuvo murmurando en sueños, moviéndose un poco, agitado. Me levanté de la silla y me puse a su lado. Le dije: "Hola, papá, estoy aquí". Le puse la mano en el hombro y la mantuve allí. Al cabo de unos instantes, dejó de murmurar y se quedó quieto. Su sueño se volvió más tranquilo. Creo que sabía que todo iba bien entre nosotros. Yo sentía lo mismo, con la mano en su hombro, observándolo descansar. Me incliné y le di un beso en la frente.

Ése fue el cierre que tuve con mi padre. No fue como lo había imaginado. Lo que realmente quería era aquella conversación de Nochebuena, o la que había esperado tener en el hospital. En cambio, éste fue el cierre que encontramos. No fue suficiente, y he tenido que aceptarlo.

Con mi madre fue muy distinto. Pasó los dos últimos años de su vida con grandes dificultades para caminar, esencialmente incapaz de cuidar de sí misma. Durante esos dos años pasé con ella un fin de semana al mes, viendo repeticiones de series policiacas por horas. Con frecuencia la llevaba a dar un paseo en coche para que ambos tomáramos el aire. Pasábamos por nuestro antiguo barrio, por donde yo iba al colegio, o por la zona donde ella creció.

Ahora me doy cuenta de que mi madre necesitaba un cierre; no un cierre conmigo, sino un cierre con su vida. Me contaba muchas historias sobre su infancia mientras conducíamos. Cómo creció. Lo que hicieron por ella, pero también lo que le hicieron a ella los adultos que se suponía que debían cuidarla y protegerla. Eran historias que yo nunca había oído y, para ser sincero, una parte de mí no quería oír muchas de ellas. No quería tener que pensar en la niña que se convertiría en mi madre viviendo en la pobreza, sin tener lo que necesitaba, siendo maltratada por las figuras de autoridad, sin las oportunidades que ella y mi padre trabajaron tan duro para proporcionarnos a mis hermanos y a mí. Maldije a la maestra que no dejaba que una niña comiera el almuerzo que sus padres podían proporcionarle porque no entendía un problema de aritmética. Bendije al granjero que le dio sus gafas de sol a una niña que ayudaba a su padre y a sus hermanos en el campo.

También me contó historias sobre la infancia de mi padre, y comprendí más profundamente el dolor que había padecido de niño.

Estas historias eran muy duras de escuchar, pero sabía que mi madre necesitaba que yo las supiera. Ése era su cierre. Hacía duelo por su vida al repasarla y compartirla conmigo, y yo hacía duelo con ella. Le dije muchas veces: "Lamento que eso haya pasado, mamá". Ésas eran todas las palabras que tenía. Las pronunciaba con todo mi corazón. ¿Qué otra cosa podía decirle a aquella niña que había tenido una vida tan dura? En lugar de las palabras que no tenía, le di a mi madre muchos abrazos durante esos dos años. Abrazos por la mañana cuando se levantaba, abrazos durante el día, abrazos y un gran beso en la mejilla antes de acostarse. Cuando abrazaba a mi madre, abrazaba también a la niña que luchaba por encontrar su lugar en el mundo y que, al final, se convirtió en una madre ferozmente protectora con sus hijos. Me decía lo mucho que me quería y yo le decía lo mucho que la quería (ojalá se lo hubiera dicho más a menudo a mi padre).

En mi último cumpleaños con mi madre, mi hermana trajo un pastel con una vela. Vi cómo mi madre intentaba cantarme "Cumpleaños feliz" y supe que era la última vez que me lo cantaba. Le di las gracias por todos los cumpleaños que ella y mi padre habían celebrado conmigo, siempre asegurándose de que fuera un día especial con regalos y pastel, algo que sospecho que ninguno de los dos había recibido muy seguido cuando eran niños. Supongo que se podría decir que mis padres compensaron eso a su manera, y les estoy eternamente agradecido por ello.

Recuerdo perfectamente ir en un coche conducido por mi hermano mayor camino del funeral de mi madre. Uno de mis mayores temores infantiles era perder a mi madre y tener que ir a su funeral. Ahora estaba viviendo ese momento. Pensé en cómo una vez, de pequeño, me enojé con ella porque me había obligado a limpiar mi habitación y levanté la vista hacia Dios y le dije: "Estoy listo cuando tú lo estés". Cuando le conté esta historia a mi madre, ya de adulto, me preguntó para quién se suponía que Dios debía estar preparado, y le dije que probablemente para ella. Los dos nos reímos mucho. Le di las gracias a Dios por no escucharme, por dejarme crecer hasta ser adulto, hasta llegar a la mediana edad con mis padres todavía en mi vida. Qué regalo.

Cuando llegamos al cementerio, miré a mi hermano mayor, a mi hermana y a mi hermano pequeño. Me invadieron los recuerdos de cuando éramos niños, de cómo nos apoyábamos mutuamente, de cómo reñíamos, de cómo mis padres nos habían enseñado a cuidarnos los unos a los otros. Ahora éramos unos adultos que habíamos encontrado cada quien nuestro lugar en la vida, y nos uníamos para llevar el ataúd de nuestra madre a su última morada. Cuatro hijos que habían tenido o tendrían algún día la educación que mi padre anhelaba pero que le había sido negada. Sentí la profundidad del amor de mis padres por sus hijos, no siempre expresado de una manera que hubiera sido aplaudida por un psicólogo infantil, pero expresado de la mejor manera que ellos sabían.

Por un momento me solidaricé con los muchos clientes que han echado mano de mi caja de pañuelos desechables y han expresado en llanto que desearían tener una oportunidad más de hablar con un ser querido que ha fallecido. Sentí su dolor. Me recordaron que la vida es frágil y que cada momento con un ser querido es precioso.

Di una palmadita al ataúd de mi madre antes de dejarla en el cementerio. Gracias, mamá. Y gracias, papá.

El cierre de mi madre con su propia vida fue compartir las historias que nunca había compartido conmigo, historias que necesitaba contar. Mi cierre con mi madre fue mostrarle todo el amor que pude, empezando por escucharla, que es uno de los mejores regalos que puedes hacer a otro ser humano. Y muchos abrazos. Mi presencia. Eso era lo único que ella quería.

Dejé de celebrar los días festivos durante unos años tras la muerte de mi madre. Los recuerdos eran demasiado dolorosos, y yo aún los tenía a flor de piel. Pero ya he vuelto a hacerlo. La Navidad era la época más alegre del año para mis padres; mi madre la planeaba todo el año, ahorrando unos cuantos dólares a la semana para que tuviéramos las vacaciones que ella y mi padre nunca tuvieron de niños. Mis padres no querrían que ignorara las fiestas. Hoy en día me reúno con amigos y juntos compartimos el espíritu navideño. Y cada año intento compartir lo que puedo con quienes no tienen recursos económicos para comprar regalos de Navidad a sus hijos. Hacer esto, y pasar tiempo con mis amigos, es mi alegría y el legado de mis padres.

Lloré mientras escribía este pasaje sobre la pérdida de mis padres, pero sentí un poco más de alivio al contarte mi historia y dar un paso más en mi proceso de duelo. Espero que compartir mi experiencia te ayude a encontrarle un sentido a la tuya.

Reflexión final: un capítulo debe terminar para que uno nuevo comience

La muerte es la confirmación última de cómo la vida está fuera de nuestro control. Cuando perdemos a alguien, el dolor puede ser insoportable. Es totalmente humano querer un cierre. Y creo que podemos encontrar un cierre de varias maneras. Pero no creo que otras personas puedan darnos un cierre cuando alguien muere, no realmente. Consuelo, tal vez, pero no un cierre.

Pero también creo, y lo llevo en el corazón, que después de perder a un ser querido no necesitamos un cierre tanto como pensamos. El cierre puede ayudarnos a tranquilizarnos, a sentirnos apoyados, pero no elimina el dolor de la pérdida, por mucho que lo deseemos. Según mi experiencia, la forma de afrontar este dolor es aprender a aceptarlo, a caminar con él, y dar gracias por estar en contacto con el punto sensible en el núcleo de nuestra humanidad que nos permite sentir el dolor de la pérdida. Renunciar sin miedo a la batalla por hacerlo desaparecer, porque no va a desaparecer. Al aceptar que la pérdida y el dolor forman parte de la vida, nos empoderamos para ser más cariñosos, más generosos, más tolerantes. Para nutrirnos a nosotros mismos y, con el corazón lleno, preservar en nuestra vida y en la vida de los que nos rodean el legado de nuestros seres queridos.

Ésa es nuestra sanación. Ése es nuestro cierre.

Conclusión
Seguir adelante

A lo largo de este libro hemos considerado el cierre desde varias perspectivas: qué es, por qué lo queremos, cómo lo conseguimos y qué hacer cuando no lo obtenemos. Ahora quiero concluir compartiendo algunas ideas extraídas de mi trabajo como profesional de la salud mental que espero te sean útiles en tu propia vida.

Reduce la necesidad de cerrar

Puedes reducir la frecuencia de las situaciones que exigen un cierre convirtiendo la comunicación saludable en un hábito cotidiano. Permanecer en el momento y ser consciente de las oportunidades para comunicarte plenamente puede ayudarte a evitar crear los cabos sueltos que un cierre busca atar. Ten en cuenta que esto no significa que debas evitar el conflicto, el cual tiende a enconar los malos sentimientos y a crear una necesidad aún mayor de cierre. Más bien significa que, si te comunicas bien, el conflicto surgirá con menos frecuencia y, cuando surja, será más fácil de resolver. Éstos son los principios más importantes que debes recordar.

- **Comunica con intencionalidad.** Como ya he comentado en capítulos anteriores, especialmente en el 8, la intencionalidad es un componente clave de la comunicación eficaz. Sabe qué quieres conseguir con tu comunicación. Sé consciente de cuál es la forma más compasiva de expresarte. Y aclara tu intención con la otra persona.

- **Haz de tu hogar un espacio seguro para las emociones.** Si tú o los miembros de tu familia tienen que andarse con pies de plomo, significa que no tienen una comunicación eficaz. Trabaja con tu pareja para ser abiertos sobre sus sentimientos, para poder compartirlos sin miedo a ser juzgados o a sufrir exabruptos. Enseña a tus hijos que está bien hablar de los sentimientos y no guardárselos.

- **Ten una mente de principiante.** Cuando te sorprendes a ti mismo ensayando conversaciones o diciendo cosas como "Ya sé adónde va esto", significa que estás forzando tu conversación a entrar en una caja, una que empezará y terminará como las anteriores, sin lograr ningún progreso. Cada conversación es nueva, así que abórdala con la mente abierta, dispuesto a expresarte y a escuchar.

- **Identifica el elefante en la habitación.** No es sólo de lo que hablamos, sino también de lo que no hablamos, lo que puede conducir a la necesidad de un cierre más adelante. No permitas que sentimientos como el enojo, el miedo y la impotencia se dejen de lado y se ignoren. Tú tienes sentimientos y la persona con la que intentas comunicarte también. ¿Por qué fingir lo contrario?

- **Ata los cabos sueltos de cada día.** Si tienes algo en mente, dilo. No permitas que se enquiste y cause resentimiento. No dejes pasar la oportunidad de mostrarte amable, de dar las gracias, de expresar tu aprecio. No pasa nada por dar marcha atrás si tienes un pequeño cabo suelto que te corroe. Átalo.

Asume tu poder

Querer un cierre puede ser una experiencia desempoderante, y es importante abordar el cierre desde una posición de empoderamiento, ya que hacerlo desde una posición de desempoderamiento conduce inevitablemente a más dolor y, por lo tanto, a un deseo continuo de cierre.

Para mí, asumir tu poder significa darte la libertad de ser quien eres. Ser fiel a tus valores personales. Aceptar tus pensamientos, percepciones y opiniones como válidos. Sentir lo que sientes. Significa que te respetas a ti mismo y esperas que los demás te traten con respeto, al tiempo que muestras el mismo respeto hacia los demás. Asumir tu poder no significa ser agresivo o exigente. Significa tener la confianza y la autoestima para mostrar compasión hacia ti y hacia los demás. Lo ideal es que la asunción vaya acompañada de responsabilidad, incluida la voluntad de escuchar como quieres ser escuchado, con una mente abierta. Aquí tienes algunos consejos que te ayudarán a reconocer tu poder.

- **Valídate tú mismo.** Claro que necesitamos que otros seres humanos nos reconozcan para sentirnos validados, pero también tenemos que validarnos a nosotros mismos. Eso significa darnos ánimos, no ceder a la voz de la autocrítica, asegurarnos de dar prioridad a nuestras propias necesidades cuando cuidamos de los demás, perseguir nuestros propios intereses para poder seguir creciendo, y cuidar de nuestro bienestar. No validarte a ti mismo te expone a caer en el desempoderamiento al buscar la aprobación de los demás.

- **No te disculpes por ser quien eres.** Asumir tu poder significa darte permiso para ser quien eres sin disculparte. Eso no significa libertad para causar dolor a los demás, pero sí significa vivir auténticamente como la persona que eres, independientemente de lo que otras personas deseen que seas. Buscar un cierre en un intento de hacer que alguien acepte o valide quién eres es una propuesta perdedora. No necesitas el permiso de nadie para ser tú mismo.

- **Deja que los demás sean quien son.** Aceptar a los demás, sin intentar cambiarlos ni controlarlos, nos da libertad a todos. Buscar un cierre con el objetivo de cambiar los pensamientos, sentimientos o comportamiento de la otra persona no conduce a un cierre; sólo conduce al desempoderamiento.

- **Di lo que piensas, con amabilidad.** La sinceridad se agradece, aunque duela en el momento. Las demás personas sufren mucho más cuando no eres sincero con ellas; por ejemplo, cuando les permites suponer que estás de acuerdo con algo, hasta que finalmente les dices que después de todo no te parece bien. Así que sé sincero en el momento. Deja que la gente sepa cuál es tu postura. Puedes hacerlo con amabilidad y compasión, no con agresividad.

Respeta los límites de los demás

En los círculos de la salud mental y en la cultura popular se habla mucho de los límites. Cuando respetamos los límites, permitimos a los demás ser quien son, al tiempo que nos permitimos a nosotros mismos ser quien somos. Los límites sanos nos permiten reconocer cuándo podemos ayudar y cuándo tenemos que dejar que alguien resuelva las cosas por sí mismo, apoyándolo, pero no diciéndole qué hacer. Reconocer los límites puede ayudarte a evitar intentos de cierre en los que una o ambas personas experimenten manipulación emocional y desempoderamiento. ¿Cómo puedes respetar los límites de los demás? He aquí algunos consejos.

- **Abandona la necesidad de controlar.** Es propio de la naturaleza humana querer tener el control sobre nuestra vida. Al fin y al cabo, estamos programados para evitar la incertidumbre. Sin embargo, en nuestra necesidad de tener el control, con demasiada frecuencia también intentamos controlar a los demás. Buscar un cierre puede ser una forma de intentar controlar a otra persona o tu relación, intentando resolver las cuestiones de una manera que tú consideras aceptable, pero la otra persona no. Cuidado con la necesidad de controlar a los demás. Considera cuidadosamente tu intencionalidad en torno al cierre para asegurarte de que el control no sea parte de ella.

- **Recuerda que permitir es desempoderante.** Permitir el comportamiento destructivo de otra persona, tanto si ese comportamiento es perjudicial para ti, para tu relación o para ella, es desempoderante para ambos. También puede ser una forma de mantener a la otra persona en un estado de necesidad y de afirmar tu control sobre ella como su cuidador. La búsqueda de un cierre puede ser otra forma de hacerlo, como cuando le pides perdón a alguien porque intentas ser "la persona madura", cuando en el fondo no sientes que hayas hecho nada malo. Esto puede hacerte sentir compasivo y amable, pero en última instancia sólo permite que las acciones tóxicas continúen sin consecuencias.

- **Tú también puedes poner límites.** Por duro que pueda sonar, no todas las personas con las que nos encontramos en la vida se preocupan sinceramente por nosotros. Algunas personas tienen demasiados problemas, están demasiado ocupadas con sus propios asuntos o demasiado dañadas por el mundo como para tratar a los demás con respeto y amabilidad. Si buscar un cierre con una persona así es arriesgarte a salir más lastimado, tienes derecho a establecer tus propios límites y alejarte.

Identifica el momento cuando necesites ayuda

Lograr un cierre puede ser un gran estímulo para tu salud mental, pero como sabrás por la lectura de este libro (si no es que por tu propia vida), conseguirlo puede ser una lucha, y a menudo nunca sucede. Además, sea cual sea la situación que provocó la necesidad de un cierre, quizá suponga también un reto para tu bienestar emocional. Los seres humanos no estamos hechos para hacer las cosas solos. Aquí tienes algunas cosas que debes tener en cuenta cuando pidas ayuda a tu red de apoyo o a profesionales de la salud mental.

- **Sé consciente de ti mismo.** Presta atención a tus pensamientos y sentimientos. Hazte preguntas difíciles sobre si tus intenciones de buscar un cierre son mentalmente saludables o si surgen de tus propias necesidades insatisfechas, de historias internas que repites continuamente o incluso de un deseo de herir a otra persona. Ser consciente de ti mismo puede significar admitir lo importante que es para ti encontrar un cierre y comprometerte a hacer lo que puedas para encontrarlo. Ser consciente de ti también puede significar admitir, por dolorosa que sea esta decisión, que ha llegado el momento de alejarse y abrazar la aceptación. Ser consciente de ti te empodera, porque es la clave para protegerte a ti y a los demás de cualquier daño emocional.

- **Pedir ayuda requiere valor.** Como profesional de la salud mental, suelo oír de mis clientes lo difícil que les resultó pedir ayuda, lo débiles que los hizo sentir o el miedo que tenían a que otras personas los juzgaran como débiles. Permíteme decirte algo que yo me he dicho a mí mismo en el pasado y que a menudo les digo a mis amigos, a familiares y a mis propios clientes: pedir ayuda es una de las cosas más valientes que puedes hacer. Significa que estás haciendo lo correcto para ti, aunque te dé miedo. No tienes por qué hacerlo solo. Pide ayuda.

- **No seas demasiado orgulloso para levantar la mano.** Pedir ayuda es difícil, y al mismo tiempo es sencillo. Es difícil porque a los humanos no nos gusta admitir que necesitamos ayuda. Es sencillo porque pedir ayuda sólo requiere unas pocas palabras: "Necesito ayuda". No dejes que tu orgullo te impida encontrar ayuda cuando la necesites.

Unas cuantas reflexiones finales sobre el cierre

Ya que estamos cerca de la conclusión de este libro, quiero dejarte con algunos recordatorios finales que espero te sean significativos al momento de considerar lo que el cierre significa para ti en los días venideros.

- **Consigue un cierre cada día.** Cuando los pequeños malentendidos de la vida cotidiana se acumulan con el tiempo, resulta cada vez más difícil cerrarlos. Evitar las oportunidades de los "pequeños cierres" puede crear elefantes en la habitación mucho más difíciles de abordar. Practica a diario la comunicación intencionada y el cierre de las interacciones cotidianas. Sonríe y da las gracias. Diles a tus seres queridos lo mucho que significan para ti. Levanta la voz cuando sientas que eres malinterpretado, irrespetado o no apreciado. Ata los cabos sueltos antes de que se enreden tanto que amenacen con estrangular tus relaciones.

- **Está bien pedir un cierre.** La falta de un cierre puede carcomerte, acumularse en tu mente y provocar resentimiento, ira y un comportamiento obstaculizador. Date permiso para pedir un cierre cuando lo necesites. Te estarás beneficiando a ti mismo, pero también a tus relaciones. Está dispuesto a ser vulnerable, a asumir riesgos para lograr una comunicación honesta y a hacer lo que necesites en pro de tu bienestar y tu autoestima.

- **Está bien no pedir, o dejar de pedir, un cierre.** Sé sincero contigo sobre lo que puedes y lo que no puedes esperar de los demás. Cuando conoces a alguien lo suficientemente bien como para saber que tal vez no te dará el cierre que necesitas, está bien no pedirlo, para empezar. Cuando la otra persona no responda a tus intentos de cierre, ya sean grandes o pequeños, date permiso para alejarte. Alejarse en este tipo de situaciones no es acobardarse. Es decir: "Yo importo. Mi bienestar emocional importa". Hacer lo correcto para ti y para los demás es de valientes, no de débiles.

- **Actúa con compasión. Siempre.** Si los libros tuvieran luces de neón, este punto parpadearía en colores brillantes. Intenta cada día tratar a los demás con compasión, amabilidad, respeto y mente abierta. La compasión empieza en casa, en tu propio corazón y mente. Las intenciones negativas hacia ti mismo se proyectan hacia el mundo. Así que primero muéstrate compasivo contigo. Apaga la voz de la autocrítica y el juicio propio, y te será mucho más fácil ser bondadoso con los demás. Requiere menos energía que ser hiriente y conflictivo, puedo afirmarlo con certeza. A veces lo harás bien, a veces fracasarás y te prometerás a ti mismo que mañana lo harás mejor. Todos tenemos que hacer lo mejor que podamos.

- **Escucha con la mente abierta.** Uno de los mejores regalos que podemos hacer a otra persona es escucharla. Cuando busques un cierre, está dispuesto a honrar a la otra persona escuchando lo que tiene que decir. Puede que aprendas algo sobre tu relación de lo que no eras consciente. Quizá descubras que lo que sentías como una transgresión hacia ti era el resultado de una transgresión experimentada por la otra persona. Tal vez encuentres que el cierre es una forma de avanzar en tu relación, cuando lo que tú anticipabas era una separación. Es muy posible que experimentes un crecimiento inesperado.

En resumidas cuentas: querer un cierre es un deseo innato de los seres humanos. Hay formas sanas y no tan sanas de buscarlo, y hay formas sanas y no tan sanas de alejarse de él. Los tipos de lucha que nos llevan a desear un cierre no siempre sacan lo mejor de nosotros, pero el hecho de que estés enojado no significa que otra persona tenga que sufrir, y a la inversa, ser una buena persona no significa permitir que te perjudique el comportamiento de alguien más. Cuando busques un cierre, hazlo con intencionalidad y compasión. Cuando el cierre sea imposible, aléjate y abraza la aceptación. Lo más importante en tu búsqueda de cierre es que te trates a ti mismo y a los demás con amabilidad y respeto. Quiérete. Protege tu corazón.

Agradecimientos

Estoy increíblemente agradecido con tantas personas que me apoyaron durante el proceso de escritura de *El poder del cierre*.

En primer lugar, quiero dar las gracias a mis cuatro pilares de apoyo, por orden de aparición:

Kathy Sharpe, mi maravillosa amiga, leyó un artículo sobre el cierre que yo había escrito para mi sitio web y respondió con un correo electrónico: "Esto es un libro". Kathy siguió revisando mis avances y animándome a lo largo de todo el proceso.

David Forrer, mi agente literario, me proporcionó una orientación inestimable a la hora de elaborar el índice y los capítulos de muestra. Me siento especialmente afortunado de que su entusiasmo por los libros incluyera el entusiasmo por el mío. Sigo apreciando su optimismo y sus consejos.

Marian Lizzi, vicepresidenta y editora en jefe de TarcherPerigee, me brindó esta increíble oportunidad de ver mis palabras impresas en la editorial de mis sueños y también me proporcionó su visión de experta, su atenta dirección y su amable aliento a lo largo de todo el proceso de escritura.

Lauren O'Neal, mi fabulosa editora en TarcherPerigee, me guio pacientemente a lo largo del proceso de convertir un borrador en un manuscrito final pulido. Sus brillantes habilidades editoriales hicieron que el proceso de edición fuera un momento de goce. No dejaban de sorprenderme lo bien que entendía lo que yo quería transmitir y su orientación a la hora de organizar y aclarar mis ideas.

Tengo que dar las gracias a dos profesores de inglés del instituto, Dale Seal y Cheryl Cox, que reconocieron y alimentaron mi amor por la lectura y la escritura, y a mi antiguo jefe y mentor, Rich Moore, que hace muchos años me dijo: "Podrías escribir un libro".

Sigo teniendo el privilegio de estar rodeado de numerosos amigos y colegas que constantemente revisaron mis progresos y me animaron mientras terminaba mi libro. Espero que sepan cuánto los aprecio.

Mis clientes me han enseñado mucho sobre el cierre a lo largo de los años. Me he sentido muy honrado de recorrer el camino del cierre con ellos, aprendiendo tanto al compartir sus experiencias, mientras ellos a su vez me empujaban a clarificar mis ideas sobre el cierre.

Los profesionales de la salud mental y los psicólogos de sillón pueden haber notado matices de terapia racional emotiva conductual, *mindfulness* y existencialismo reflejados en mi enfoque. Gracias a Albert Ellis, Pema Chödrön y Viktor Frankl, respectivamente.

Mis hermanos y hermana Dick, Bev y Dave, mis cuñadas Tedi y Shelly y sus hijos me animaron, a menudo desde lejos, por teléfono y mensajes de texto. Y mi otro hermano, Claudio, compartió mi emoción junto con su especialidad de penne al pesto, pero también, cuando yo lo necesitaba, me preguntaba: "¿No deberías estar escribiendo?", cuando sí, tenía que estar escribiendo. También sentí la presencia de mi buen amigo Cord, y de mis queridos padres, desde el otro lado, alentándome y animándome como siempre lo han hecho.

Índice analítico

Esta obra se imprimió y encuadernó
en el mes de febrero de 2025,
en los talleres de Impregráfica Digital, S.A. de C.V.
Av. Coyoacán 100-D, Col. Del Valle Norte,
C.P. 03103, Benito Juárez, Ciudad de México.